AF296141

NOUVELLE
THÉORIE MUSICALE

ET

MANUEL PRATIQUE DE TRANSPOSITION

PAR

A. JUMEL

Professeur de Chant — Lauréat du Conservatoire.
Professeur diplômé de la ville de Paris
et du Ministère de l'Instruction publique et des Beaux-Arts,
pour l'Enseignement du Chant dans les Écoles normales supérieures
et les Lycées.

PRIX NET : 3f50.
Cartonnage en sus, 0f30

PARIS
A. BOURLANT-LADAM & Sœur, Éditeurs de Musique
40, PASSAGE DU HÂVRE.
Droits de traduction et de reproduction réservés pour tous pays
DÉPOSÉ
1892

A

Madame Caroline Legrand

CHAPITRE 1

DES SONS, DE LEURS NOMS, DE LEURS SIGNES REPRÉSENTATIFS, DES CLEFS.

Qu'est-ce que la Musique?

La Musique est l'art résultant de la combinaison des sons.

Qu'est-ce qu'un son?

Un son est l'effet produit sur notre organe auditif par la vibration d'un corps sonore.

Qu'appelle-t'on corps sonore?

On appelle corps sonore, tout corps, comme une corde tendue, une tringle de métal, etc, rendant un son classable dans une échelle donnée.

Comment représente-t'on les sons?

Au moyen de signes ou figures: o 𝅝 𝅗𝅥 𝅘𝅥 𝅘𝅥𝅮 𝅘𝅥𝅯, que l'on appelle notes et qu'on place sur la portée

Qu'est-ce que la portée?

On nomme portée les cinq lignes horizontales, sur lesquelles on écrit la Musique.

Comment s'écrivent les notes sur la portée?

Les notes s'écrivent sur les lignes et dans les interlignes de la portée; puis on en ajoute une au-dessus et une au-dessous.

Les lignes de la portée se comptent-elles indistinctement en partant du haut et du bas?

Non, les lignes de la portée se comptent dans un ordre défini; la première est celle du bas.

Pourquoi cet ordre plutôt que l'ordre inverse?

Parcequ'il est convenu, en musique, de lire les notes de bas en haut; ainsi: **UT, MI, SOL** donneront l'accord suivant: et nullement cet autre: ou cet autre: tous deux formés des mêmes noms de notes que le premier. Les lignes sont soumises à la même convention.

L'étendue de la portée peut-elle être augmentée?

Oui, au moyen de lignes additionnelles ou supplémentaires; sur lesquelles les notes s'écrivent comme sur la portée.

Le nombre des lignes supplémentaires est-il indéfini?

Non, on ne dépasse guère six lignes supplémentaires au-dessus et trois ou quatre au-dessous. On se sert d'un signe 8ᵛᵃ alta ou 8ᵛᵃ bassa, qui facilite la lecture des notes extrêmes.

Pourquoi les lignes additionnelles sont-elles de très courte longueur et disparaissent-elles dès qu'il n'en est plus besoin?

Afin de ne les point confondre avec les lignes de la portée et pour simplifier autant que possible la lecture musicale.

Quels noms portent les notes?

Ut ou do, ré, mi, fa, sol, la, si.[1]

Chantez la série des sept sons et représentez-la?

Combien de fois cette série de sons se répète-t-elle?

Sept fois, huit fois, au plus dix fois; au-delà les sons deviennent difficilement distincts; soit à cause de leur gravité, soit à cause de leur acuité.[2]

Comment se nomme la succession ascendante et descendante de la série des sons?

Gamme diatonique; c'est-à-dire gamme procédant par tons (*plus de tons en effet que de demi-tons: cinq pour deux*) (*Voir le chapitre des gammes*)

---

(1) *Ces noms sont-ils les seuls qu'on ait employés pour désigner les sept sons?*

Non, jusqu'au XIe. siècle, on se servait en Italie des lettres de l'alphabet: A B C D E F G désignant les notes dans cet ordre: LA, SI, UT, RE, MI, FA, SOL.

D'où viennent les noms les plus employés aujourd'hui?

Les six premiers d'une hymne à St Jean Baptiste dont la première note de chaque verset se trouvait justement être placée sur chacun des degrés diatoniques de la gamme: Voici cette hymne extraite du manuscrit de St Evroult:

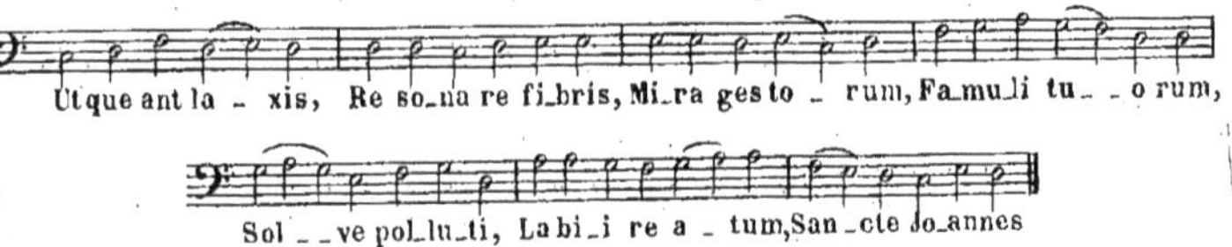

A qui doit-on ces noms syllabiques de la gamme?

Au moine bénédictin Guido ou Guy, vivant au XIe siècle à Arezzo.

Quelle est l'étymologie du nom que porte le septième son?

L'hymne de St Jean n'atteignant pas le SI, mais retombant au FA, au dernier verset, on laissa pendant trois siècles encore le nom de B à notre septième degré. Les Italiens lui préférèrent SI, nom formé des initiales S, J, de St Jean.

A qui doit-on l'appellation Do du 1er degré?

Au savant Doni, écrivain du XVIIe siècle

(2) *Quelle est la limite des sons employés en musique?*

Les sons les plus graves ne dépassent guère 32 vibrations à la seconde; et la triple octave élevée du

Suffit-il d'inscrire les notes sur la portée pour les pouvoir lire?

Non, il faut encoredes points de repère, appelés Clefs, qui ouvrent la compréhensionde la portée.

Qu'est-ce qu'une clef?

Une clef est un signe qui désigne le nom d'une note et sa hauteur de son; et, par consé-quent, le nom et la hauteur de son de toutes les autres, par celle-là.

Ligne du FA — Ce FA est le Fa 3 du Piano moderne, placé à la 10e Majeure inférieure du LA du diapason.[1]

Ligne de l'UT — Cet UT est l'Ut 4 du Piano moderne, placé à la 6te Majeure inférieure du LA du diapason.

Ligne du SOL — Ce SOL est le Sol 4 du Piano moderne, placé à la 2de Majeure inférieure du LA du diapason.

Il y a donc trois sortes de clefs?

Oui, et désignant les notes FA UT SOL plutôt que toute autre, parce que ces notes, dans leurs résonnances, ont engendré la gamme d'UT, base de notre système musical.

(Chapitre des gammes)

Chacune de ces clefs n'occupe-t-elle pas d'autres positions que les positions ci-dessus?

Chaque clef peut occuper différentes positions

La clef de Fa se place: sur la 4e et la 3e ligne:

La clef d'UT se place: sur la 4e la 3e la 2e et la 1re ligne:
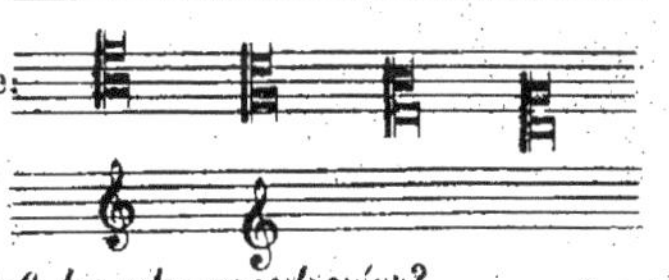

La clef de Sol se place: sur la 2e et la 1re ligne:

Quelles clefs sont, parmi toutes celles-ci, les clefs les plus employées?

Les clefs dont on se sert pour la musique destinée au piano.

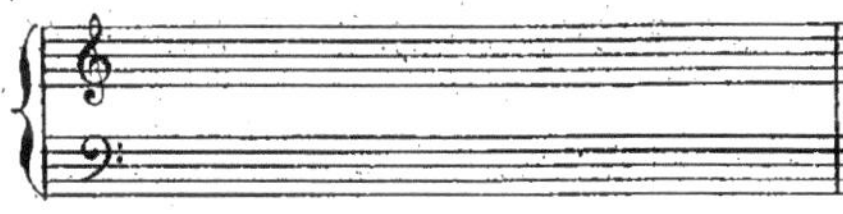

La diapason équivaut à 870×2^3, c'est-à-dire 6960 vibrations à la seconde. Mais par des expériences de physique à cet effet, on peut, gagnant de proche en proche, classer des sons jus-qu'à 70,000 vibrations.

Par quel moyen mesure-t-on les vibrations sonores?

Au moyen du Vibroscope; instrument de physique qui présente une feuille de papier enfumé légèrement et se déroulant, devant une pointe de plume ou de corne, fixée à la tringle vibrante, ou au diapason dont on veut compter les vibrations.

[1] Le Diapason est cet instrument formé de deux tiges de métal, rendant un son fixe de 870 vibrations à la seconde; qui sert à établir la hauteur de son de l'orchestre, aussi bien que celle des instruments à clavier.

CHAPITRE II

VALEUR DES NOTES, DES SILENCES ET DU POINT MUSICAL

1° VALEUR DES NOTES

Ne faut il pas considérer les notes sous le rapport de leur valeur?

Oui; et la valeur relative des notes est représentée par leur figure même.

Quelles sont les figures des notes?

La Ronde o, la blanche ♩, la noire ♩, la croche ♪, la double croche ♫, la triple croche ♫, et la quadruple croche ♫

Quelle est la valeur de la ronde?

La Ronde o, considérée en musique comme entier ou unité vaut:

2 blanches

4 noires

8 croches[1]

16 doubles croches

32 triples croches

64 quadruples croches

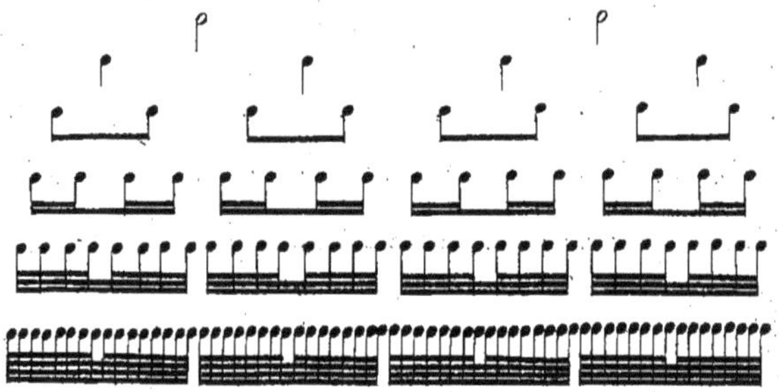

Quelle est la valeur de la Blanche?

La blanche ♩ vaut :

2 noires

4 croches

8 doubles croches

16 triples croches

32 quadruples croches

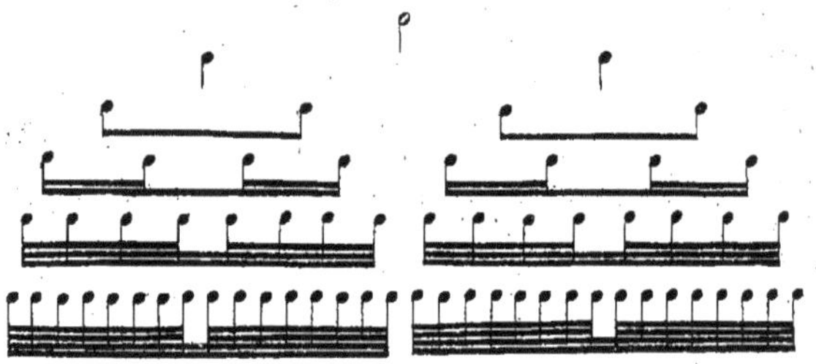

Quelle est la valeur de la Noire?

La Noire vaut :

2 croches

4 doubles croches

8 triples croches

16 quadruples croches

---

[1] Ces dernières figures de notes sont d'un usage relativement assez récent; car pour le plain chant, l'on ne se servait que de notes d'une grave durée, en rapport avec la Musique reli_gieuse : la Maxime ▭;la Longue ▭;la Brève ▭ valant 2 rondes; la Semi-Brève ♩ une ronde; La croche et la double croche (*Minime et Semi-minime*) apparaissent à l'époque des Troubadours.

Quelle est la valeur de la croche?

La croche ♪ vaut:

2 doubles croches

4 triples croches

8 quadruples croches

Quelle est la valeur de la double croche?

La double croche ♬ vaut:

2 triples croches

4 quaduples croches

Quelle est la valeur de la triple croche

La Triple croche ♪ vaut :

2 quadruples croches

Lorsqu'on voudra representer les valeurs musicales par des chiffres,quels seront ces chiffres?

La Ronde,étant l'unité,sera représentée par		1
La Blanche,étant la moitie de la Ronde,	Id	2
La Noire,étant le quart de la Ronde,	Id	4
La Croche,étant le huitième de la Ronde,	Id	8
La Double croche,étant le seizième de la Ronde,	Id	16
La Triple croche,étant le trente deuxième de la Ronde,	Id	32
La Quadruple croche,étant le soixante quatrième de la Ronde,	Id	64

Quelle place occuperont ces chiffres,lorsqu'il s'agira de représenter la mesure en tête d'un morceau?

Invariablement la place qu'occuperait le dénominateur d'une fraction, ainsi qu'il est indiqué ci-dessus.

(NOTA) *Comment savoir par un moyen rapide, combien une valeur quelconque vaut de valeurs inférieures à elle-même?*

Chercher le chiffre représentant la valeur inférieure et le diviser par le chiffre qui représente la valeur supérieure.

(Ex) *Combien une Noire vaut elle de quadruples croches?* Réponse: 16 (Le chiffre représentant la valeur quadruple croche est 64,qu'on devra diviser par 4, chiffre représentant la valeur supérieure, qui est la Noire en cet exemple)

Combien la ♪ vaut elle de ♬ ? Réponse:(32 représentant la ♬, divisé par 2 représentant la ♪)=16

2º VALEUR DES SILENCES.

Qu'est-ce que les silences?

Les silences sont des signes servant à interrompre les sons.

Quels sont les différents silences?

La Pause		valant autant que la	o
La Demi-pause		valant autant que la	♩
Le Soupir		valant autant que la	♪
Le Demi soupir		valant autant que la	♪
Le Quart de soupir		valant autant que la	♪
Le Huitième de soupir		valant autant que la	♪
Le Seizième de soupir		valant autant que la	♪

Remarque : La pause, par convention particulière, exprime le Silence d'une Mesure entière, à 2, 3 ou 4 temps.

3º VALEUR DU POINT MUSICAL

N'existe-t-il pas une troisième valeur?

Oui, le Point musical, ou valeur augmentative.

Quelle est sa fonction?

Ainsi que son nom l'indique, il augmente de la Moitié la valeur de la note après la_ quelle il est placé

N'emploie-t-on jamais qu'un seul point à la fois?

On peut placer deux et même trois points après une note; chacun de ces points expri_ me la moitié du point précédent.

ou comme exemple praticable :

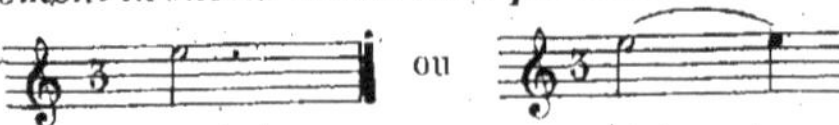

Ne pourrait-on pas figurer autrement la valeur d'une note pointée?

Si, par deux notes liées :

La seconde des deux notes liées, se trouvant respectée seulement quant à sa valeur, ne doit pas être répétée.

Les silences peuvent-ils se pointer?

Les Silences se pointent aussi,
mais plutôt à partir du demi-soupir.

EX. 

CHAPITRE III

DE LA MESURE, DES EXCEPTIONS DANS LES TEMPS, DE LA NATURE DES TEMPS.

Qu'est-ce que la mesure?

La Mesure est la division d'un morceau en courtes parties, toutes d'une rigoureuse égalité de durée.

La Mesure musicale n'est-elle pas comparable à la Mesure poétique?

De même qu'un morceau poétique se trouve divisé en parties égales qu'on nomme vers, le morceau musical se divise en parties égales qu'on nomme Mesures

Qu'est-ce que les temps musicaux?

On appelle temps musicaux les parties égales en lesquelles chaque mesure se trouve divisée.

Combien y a t'il de sortes de Mesure?

Deux. { La Mesure Simple
{ La Mesure Composée

SIMPLE: dont chaque temps est divisible par 2; et, par conséquent, représenté par une valeur simple:

COMPOSÉE: dont chaque temps est divisible par 3; et, par conséquent, représenté par une valeur pointée:

Chacune de ces sortes de mesure ne se divise-t'elle pas en plusieurs catégories?

Ainsi qu'on le peut remarquer ci-dessus, il existe des mesures Simples à 2, 3 et 4 temps; des mesures composées à 2 3 et 4 temps.

Comment, en tête du morceau, indique l'on la Mesure?

Par des chiffres ou des signes conventionnels

Que signifient les chiffres dans la mesure simple?

Les chiffres sont disposés en expression fractionnaire:

Le Numérateur indique le nombre des temps 2, 3, ou 4.

Le Dénominateur, si la Ronde, ou laquelle des subdivisions de la ronde, a été prise pour unité de temps.

EX. $\frac{2}{1}$ deux temps= o   o   Trois temps
la ronde pour chaque temps $\frac{3}{4}$ Un quart de ronde
ou une noire par temps

Que signifient les chiffres dans la Mesure Composée?

De même que pour la Mesure Simple, ces chiffres sont disposés en expression fractionnaire. Le chiffre supérieur indique le nombre des petits temps ternaires en lesquels la mesure se trouve divisée (6 pour 2 ; 9 pour 3, 12 pour 4); et le chiffre inférieur, quelle subdivision de la Ronde a été prise pour unité de petit temps ternaire.

1er. TABLEAU DES MESURES

MESURES SIMPLES

A 2 TEMPS

$\frac{2}{1}$

$\frac{2}{2}$ ou ₵

$\frac{2}{4}$

$\frac{2}{8}$ etc. inusitées

A 3 TEMPS

$\frac{3}{1}$

$\frac{3}{2}$

$\frac{3}{4}$

$\frac{3}{8}$ etc. inusitées

A 4 TEMPS

$\frac{4}{1}$

$\frac{4}{2}$

$\frac{4}{4}$ ou C

$\frac{4}{8}$ etc. inusitées

MESURES COMPOSÉES

A 2 TEMPS

$\frac{6}{2}$

$\frac{6}{4}$

$\frac{6}{8}$

$\frac{6}{16}$ etc. inusitées

A 3 TEMPS

$\frac{9}{2}$

$\frac{9}{4}$

$\frac{9}{8}$

$\frac{9}{16}$ etc. inusitées

A 4 TEMPS

$\frac{12}{2}$

$\frac{12}{4}$

$\frac{12}{8}$

$\frac{12}{16}$ etc. inusitées

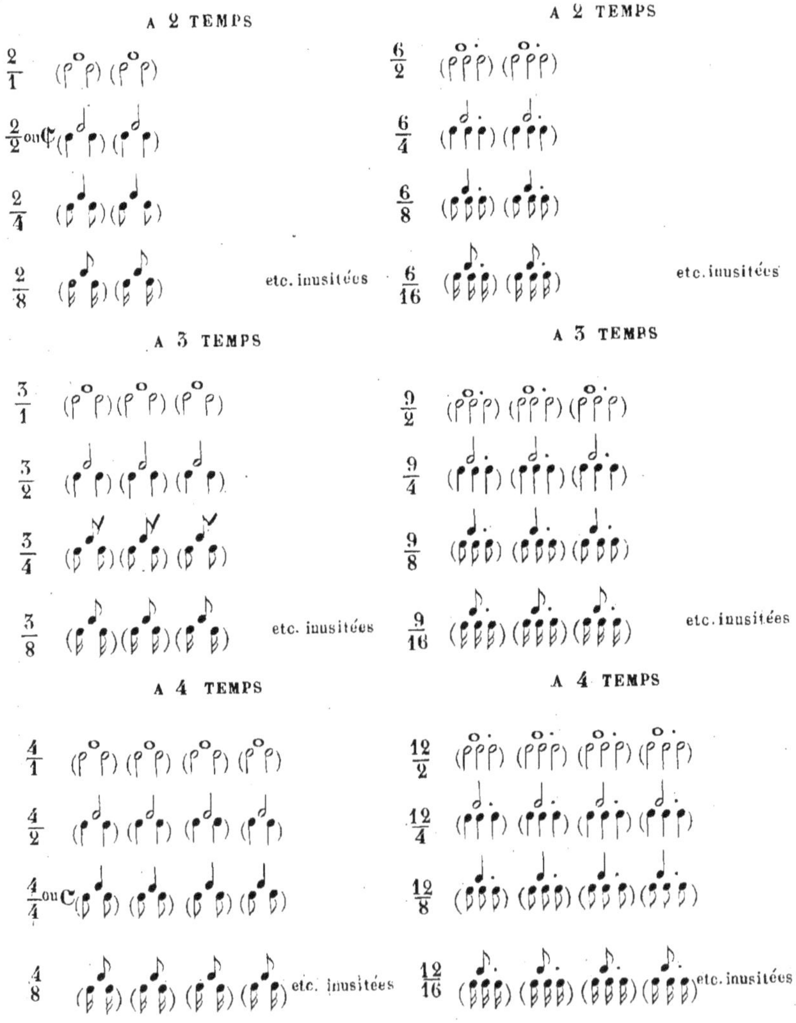

2ᵉ

TABLEAU SYNOPTIQUE ABRÉGÉ

des

MESURES SIMPLES ET COMPOSÉES

CORRESPONDANTES

RONDES	BLANCHES	NOIRES	CROCHES	DOUBLES-CROCHES
1	2	4	8	16

SIMPLES — COMPOSÉES

$$\frac{2}{1} \quad \frac{3}{1} \quad \frac{4}{1} \qquad \frac{6}{2} \quad \frac{9}{2} \quad \frac{12}{2}$$

Correspondantes

SIMPLES — COMPOSÉES

$$\frac{2}{2} \quad \frac{3}{2} \quad \frac{4}{2} \qquad \frac{6}{4} \quad \frac{9}{4} \quad \frac{12}{4}$$

Correspondantes

SIMPLES — COMPOSÉES

$$\frac{2}{4} \quad \frac{3}{4} \quad \frac{4}{4} \qquad \frac{6}{8} \quad \frac{9}{8} \quad \frac{12}{8}$$

Correspondantes

SIMPLES — COMPOSÉES

$$\frac{2}{8} \quad \frac{3}{8} \quad \frac{4}{8} \qquad \frac{6}{16} \quad \frac{9}{16} \quad \frac{12}{16}$$

Correspondantes

Ce 2ᵉ Tableau a été donné à l'Auteur par Mᵉˡˡᵉ Laure COLLIN, pour être spécialement publié dans cet ouvrage.

Connaissant les chiffres d'une Mesure Simple comment trouve-t-on ceux de la Mesure Composée correspondante?

En multipliant le chiffre des temps (chiffre supérieur) par 3 et celui des valeurs (chiffre inférieur) par 2.

$$\text{EX:} \quad \frac{2}{4} \quad \begin{array}{c} \times \\ \times \end{array} \quad \frac{3}{2} \quad = \quad \frac{6}{8}$$

Et pour connaître ceux de la Mesure Simple, connaissant ceux de la Mesure Composée?

En divisant par 3 et par 2; à l'inverse de ci-dessus

$$\frac{6}{8} \quad \begin{array}{c} : \\ : \end{array} \quad \frac{3}{2} \quad = \quad \frac{2}{4}$$

Le chiffrage employé pour indiquer les mesures est-il simple et clair?

Il eut été préférable d'inscrire en tête du Morceau, les valeurs elles-mêmes, non poin_tées ou pointées, au-dessous du nombre des temps, ainsi que nous le proposons ici:

MESURES SIMPLES   MESURES COMPOSÉES

A 2 TEMPS.   A 2 TEMPS.

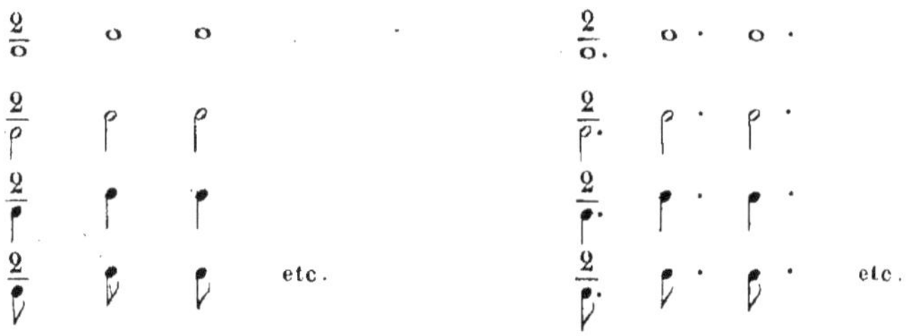

A 3 TEMPS.   A 3 TEMPS.

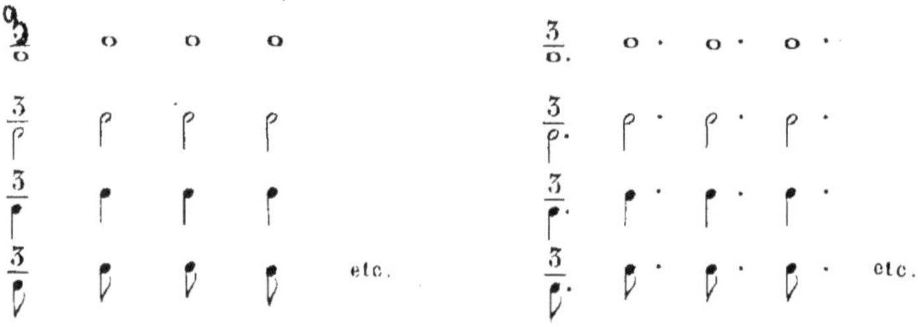

A 4 TEMPS.   A 4 TEMPS.

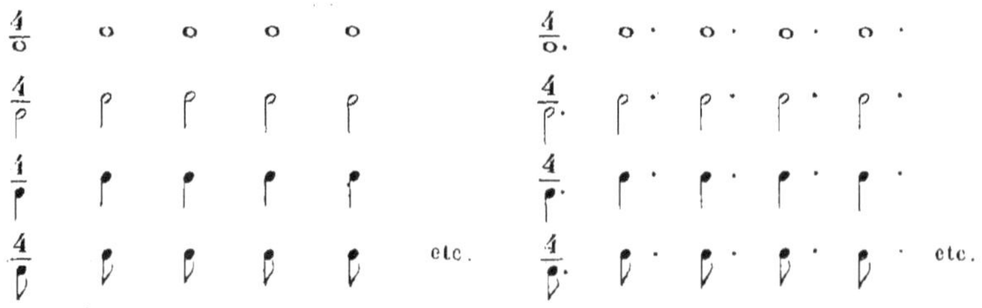

N'existe-t'il pas des Mesures à 5 et 7 temps?

Oui, mais leur emploi en est encore assez rare

La Mesure à 5 temps correspond à la succession régulière d'une Mesure à 3 temps et d'une Mesure à 2 temps. — La Mesure à 7 temps, à celle d'une mesure à 4 temps et d'une mesure à 3 temps [1]

DES EXCEPTIONS DANS LES TEMPS

Chaque temps Simple est-il toujours rigoureusement divisé en 2, ou multiples de 2, et ne rencontre t'on pas des exceptions dans cette division?

Il se présente assez fréquemment des exceptions telles que: le Triolet.

Qu'est-ce que le triolet?

C'est la réunion de 3 notes, égales ou inégales, mises pour 2 de la même figure

EX.

Il existe des triolets en toutes figures de notes.

N'y-a-t'il pas d'autre exception?

Le Sixain, ou double triolet; réunion de 6 notes pour 4 de la même figure.

EX.   ou

Chaque temps composé est-il rigoureusement divisé en 3, ou multiples de 3, et ne rencontre-t'on pas des exceptions dans cette division?

Il se présente parfois des groupes de 2 notes pour 3, et de 4 notes pour 6

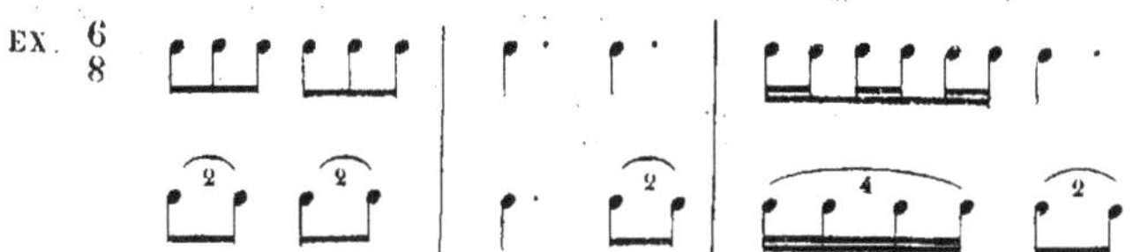

EX.

REMARQUE: *Il suffit du reste au compositeur d'indiquer, par un chiffre, la licence qu'il veut introduire dans la mesure, pour qu'elle soit admise: les groupes de 5, 7, 17, 35 notes se sont rencontrés pour 4, 8, 16, ou 32.*

---

[1] Boieldieu dans "la Dame Blanche", Gounod dans le célèbre Duo de Mireille, Ch. V. Alkan, Saint-Saëns, ont écrit de remarquables exemples de mesures à 5 temps.

NATURE ET ACCENTUATION DES TEMPS

Les temps sont-ils tous d'égale intensité?

On distingue, en Musique, les Temps forts et les Temps faibles.

Qu'est-ce que les temps forts?

Les Temps forts sont ceux qu'on reconnait aisément à leur plus grande accentuation

Quels sont les Temps forts?

Le premier des 3 diverses mesures est fort; et le 3ᵉ de la mesure à 4 temps est demi-fort.

Nota. C'est ce demi-accent, au 3ᵉ temps de la mesure à 4 temps, qui permet de distinguer cette mesure, de la mesure à 2 temps.

CHAPITRE IV.

DU RYTHME

Qu'est-ce que le Rythme?

Le Rythme est la forme répétée, caractéristique et symétrique que prennent les différentes valeurs. Le Rythme appose à la phrase musicale, un caractère esthétique de beauté.

Donnez des exemples de Rythmes différents?

Le Rythme étant, comme on le voit par ces exemples, et par sa nature même, l'opposé de la monotonie, l'inverse de l'Isochronisme, apporte au son des éléments inépuisables de variété.

Quels sont, au point de vue de l'impression produite sur les auditeurs, les effets du Rythme?

Le Rythme peut frapper autant les auditeurs que la beauté de la phrase musicale elle-même; il provoque l'entraînement des individus et des masses; et même, pris isolément, peut déterminer, chez les orientaux par exemple, (Derviches Tourneurs) des phénomènes qu'on rattacherait à l'hypnotisme...

Quelles sont les formes du Rythme qui sont les plus remarquables?

La Syncope et le Contre Temps.

Qu'est ce que la Syncope?

La Syncope est le déplacement de l'accentuation normale (dont il a été parlé au cha_
pitre précédent) (*Voyez: Temps forts, temps faibles*)

Dans l'ordre ordinaire, le son est articulé sur le temps fort, (ou sur la partie forte du
temps) et finit sur le temps faible, (ou sur la partie faible du temps)

La Syncope consiste dans la disposition contraire: le son est articulé sur le temps
faible et se termine sur le temps fort.

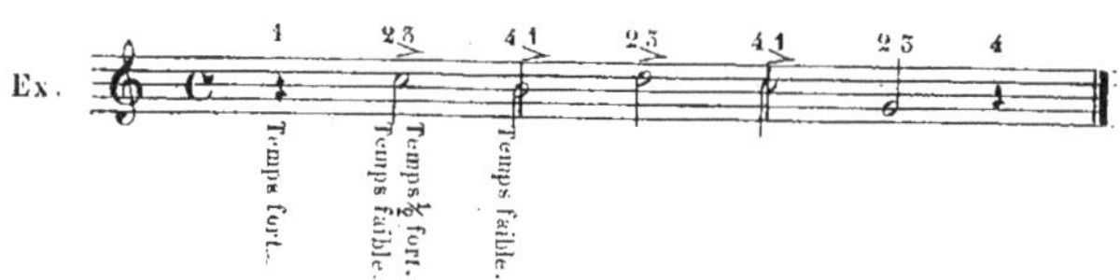

Exemple qu'on écrirait aujourd'hui

Combien compte-l'on de sortes de Syncopes?

Trois sortes: La Syncope régulière, dont l'exemple précède, et dans laquelle les
deux parties sont égales.

La Syncope irrégulière, très naturelle dans le rythme ternaire, dans laquelle les deux
parties sont inégales:

Enfin, la Demi-syncope, dans laquelle le son est articulé sur la partie faible du
Temps et prolongé sur la partie forte du temps suivant.

Qu'est ce que le Contre Temps?

Le Contre temps diffère peu de la Syncope: La note prise entre les temps n'y est
pas prolongée, mais au con_
traire suspendue, sitôt son ar_
ticulation, par l'effet d'un silence.

---

(1) Syncope de deux mots Grecs: *Sun copto*, signifie coupé avec.

CHAPITRE V.

DE LA TONALITÉ

1.º FORMATION DE LA GAMME TYPE,   2.º DU CERCLE HARMONIQUE.

Le son musical est-il émis seul par le corps sonore?

Lorsqu'une corde vibre, on perçoit d'abord un son principal, puis d'autres sons accompagnants ou concomitants. Ces sons secondaires vibrent à la 12.ª juste et à la 17.ª Majeure du son principal.

Quelle nom porte cette émission naturelle des sons?

Cette émission naturelle, s'appelle Accord parfait.

Les notes de l'accord parfait ne peuvent-elles pas être rapprochées dans la pratique?

On peut présenter l'accord parfait sous cette forme:

Comprenant le son fondamental, sa tierce Majeure et sa quinte Juste.

N'est-il pas présumable que, si la note FA a engendré un accord parfait, sa quinte supérieure UT, engendrera à son tour un accord semblable?

En effet, la note UT, dans ses vibrations, fera entendre un accord, en tous points, semblable, formé par conséquent d'une 12.ª juste et d'une 17.ª Majeure:

et dont les notes rapprochées donneront l'accord suivant, de 3.ª Majeure et de 5.ª Juste:

N'est-il pas présumable encore, que, si la note Ut a engendré un accord parfait, sa quinte supérieure Sol engendrera, à son tour, un accord semblable?

Assurément encore, la note SOL, dans ses vibrations fera entendre un accord en.

tous points semblable aux deux premiers:

et dont les notes rapprochées donneront l'accord du 3.e Majeure et de 5te Juste:

Assemblez à la suite ces trois accords sur une même portée?

Que forment-ils?

Tous les éléments constitutifs de la Tonalité d'Ut, qui sert de type à la tonalité Majeure.

2.º DU CERCLE HARMONIQUE.

N'existe-t-il pas une figure remarquable dans laquelle s'expose et se résume la tonalité moderne?[1]

Cette figure, aussi simple qu'ingénieuse, est le Cercle Harmonique.

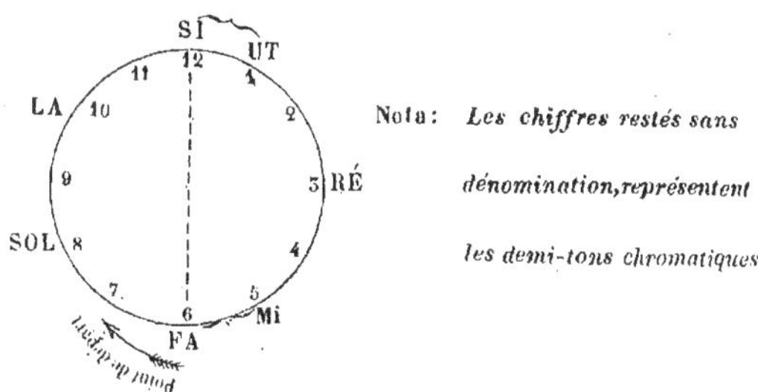

Partant du FA chiffre 6, premier son vibrateur de la tonalité d'UT, et comptant dans le sens de la marche des aiguilles d'une montre, sept des chiffres inscrits à l'intérieur du cercle, et représentant autant de demi-tons, on rencontre le Point Ut au chiffre 1, et

---

(1) C'est à Melle Laure Collin, l'éminent professeur de l'école Normale supérieure de Fontenay, ex professeur de l'école Normale des institutrices de la Seine, membre de la commission d'examen du chant, etc. Que l'auteur doit la connaissance du Cercle Harmonique. L'auteur lui exprime ici sa gratitude pour cette clarté jetée, grâce à elle, sur les origines naturelles de la tonalité et se plaît à lui rendre, en même temps, un profond hommage d'admiration.

l'on constate que cet UT est bien la quinte juste supérieure du FA point de départ.

On obtiendra de la même manière: SOL, RE, LA, MI, SI, complétant la série des notes naturelles ou non altérées, et la totalité de cette opération présentera le tableau ci-dessus.

D'où il résulte que la succession des huit notes, dont se compose la gamme et leur dis_position par ordre de tons et de demi-tons, est le résultat logique de la génération de ces mêmes notes, de quintes en quintes ascendantes.

En poursuivant l'opération de quintes en quintes justes successives, à partir du SI der_nière note naturelle obtenue, on formerait FA, UT, SOL, RE, LA, MI, SI, dièzes.

Puis en la renversant, à partir du FA (à l'inverse de la marche des aiguilles) on forme_rait SI, MI, LA, RE, SOL, UT, FA, bémols.

On remplirait ainsi le cercle, en mettant sur chaque chiffre resté vide, les demi-tons chromatiques qu'il doit représenter.

Quels sont les principes généraux qui viennent donc se ranger en ce cercle harmonique?

1° Les notes tonales FA, UT, SOL ou sons générateurs de la gamme d'UT, qui vien_nent d'être exposées précédemment en détail:

FA LA UT

UT MI SOL

SOL SI RE — seront considérées comme fondamentales Majeures

2° Les notes fondamentales suivantes: RE, LA, MI, seront les sons générateurs, ou notes tonales de la gamme mineure de LA, relative de la gamme d'UT Majeur.

RE FA LA

LA UT MI

MI SOL SI

3° Les deux notes SI et FA (dont l'une FA a été le point de départ de l'opération pre_mière, l'autre SI le point de départ de l'opération appelant les dièzes; puis FA encore, le point de départ de l'opération appelant les bémols,) forment le seul accord di_minué naturel.

Cet accord diminué, essentiellement appellatif, amènera le retour de la To_nique UT et de sa Tierce MI, semblant vouloir tendre à clore le champs des opérations.

Qu'est-ce donc que la Tonalité?

La Tonalité est l'ensemble des parentés, tendances, affinités, des sons d'une même gamme

CHAPITRE VI.

1º CONSTITUTION DE LA GAMME 2º ENCHAINEMENT DES GAM _ MES 3º DES SIGNES D'ALTÉRATION

1º CONSTITUTION DE LA GAMME

Les espaces qui séparent les sons ou degrés de la gamme sont-ils égaux?

Non, les uns sont des tons: UT RE, RE MI, FA SOL, SOL LA, LA SI; les autres des demi-tons: MI FA, SI DO, (*Voir le cercle harmonique*) Cette inégalité que l'oreille perçoit aisément et qu'on voit du reste au clavier, se peut figurer encore ainsi:

Lorsqu'on examine cette gamme, ne remarque-t-on point qu'elle se divise en deux parties égales?

Oui, ces deux parties rigoureusement semblables, se nomment Tétracordes:

et se composent, ainsi qu'on le peut voir ci-dessus, de deux tons et un demi-ton, disposés dans le même ordre.

Comment nomme-t-on une gamme ainsi constituée?

Gamme Majeure, comptant deux demi-tons placés du 3ᵉ au 4ᵉ degré, du 7ᵉ au 8ᵉ degré; et cinq tons.

Si l'on commençait une gamme nouvelle par le 2ᵉ Tétracorde de la gamme d'UT, qu'en résulterait-il?

Qu'on obtiendrait (en ayant soin d'altérer le 7º degré, ainsi qu'il suit,) une nouvelle gamme:

qui aurait avec UT des affinités très proches; gamme qu'on pressentait du reste dans l'enchaînement des accords fondamentaux; puisque le FA dièze apparaissait comme quinte juste du Si naturel (*Cercle harmonique*)

Cet enchaînement des gammes, de tétracorde en tétracorde, est-il logique?

Absolument; chaque gamme donnant ainsi naissance, en sa moitié extrême, à une nouvelle gamme qui se trouvera, par ce fait, *à moitié établie déjà.*

Puis, si l'on considère la suite de toniques des gammes: SOL, RE, LA, MI, SI, FA♯, UT♯, qui forment tout l'enchaînement des gammes avec ♯, on verra que ces toniques suivent une progression de quintes justes ascendantes, comme les accords fondamentaux.

Cet enchaînement est l'enchaînement ascendant, n'en existe-t-il pas un autre?

Oui par 5ᵗᵉˢ justes descendantes. Considérant le Tétracorde comme le 2ᵉ Tétracorde d'une gamme nouvelle, le 1ᵉ Tétracorde de cette gamme reposerait sur la note FA à la quinte inférieure. (On aurait le soin d'infléchir le 4ᵉ degré vers la basse et par le fait, de donner à entendre un SI♭ dans ce nouveau tétracorde, afin de conserver au 1ᵉ demi-ton de la gamme la place qu'il doit occuper entre le 3ᵉ et le 4ᵉ degré.)

Cette gamme ayant avec UT des affinités très proches, se faisait pressentir déjà dans l'enchaînement des accords fondamentaux, puisque le SI♭ apparaissait, comme quinte juste inférieure de la note FA, Note génératrice en UT. La suite de toniques des gammes descendantes présente une progression par quintes jus_tes descendantes, comme les accords fondamentaux: FA_ SI♭_ MI♭_ LA♭_ RE♭ SOL♭_ UT♮

ENCHAÎNEMENT DES GAMMES

par

TÉTRACORDES

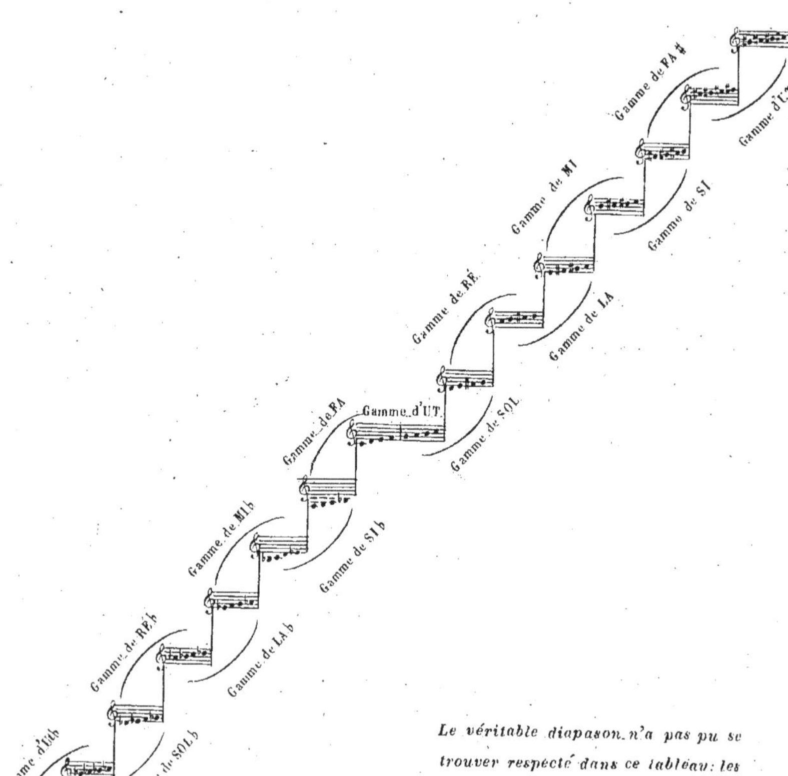

Le véritable diapason n'a pas pu se trouver respecté dans ce tableau: les notes seules y sont indiquées.

Quelle remarque y a-t'il à faire sur les 3 dernières gammes de la Série as-cendante et les 3 dernières gammes de la série descendante?

Ces gammes sont enharmoniques deux à deux, c'est à dire que leurs sons sont, les mêmes, quoiqu'ils soient désignés par des noms différents.

ENCHAÎNEMENT DES GAMMES

SIGNALANT LES 6 GAMMES ENHARMONIQUES

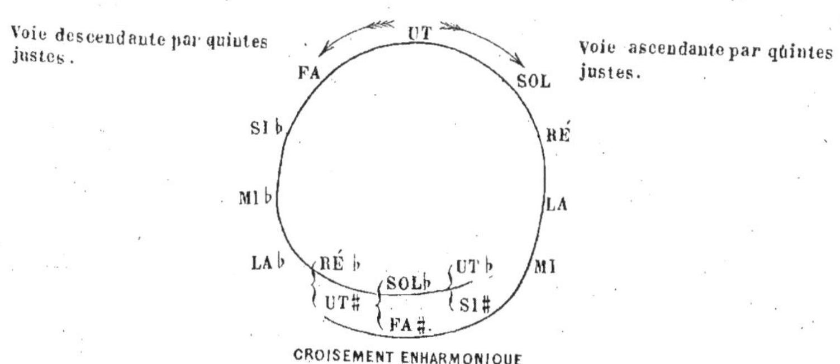

Il n'est point inutile de donner ici l'enchaînement des accords fondamentaux: on pour-ra voir, dans cet enchaînement, les éléments harmoniques de chaque tonalité.

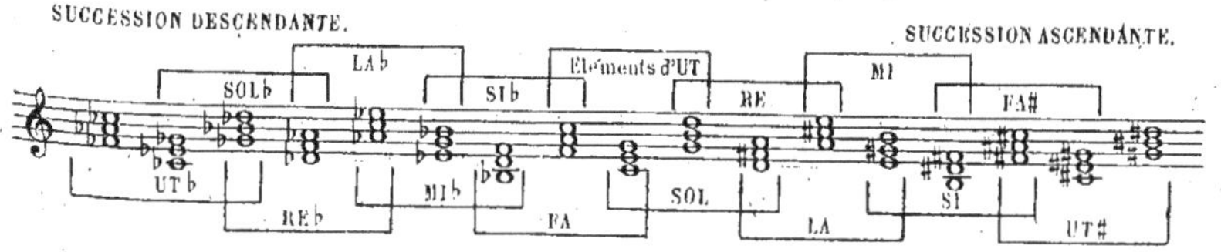

Nota: *L'unique portée sur laquelle ce tableau est dressé, fait substituer la quarte à la quinte; et, par conséquent, ne donne qu'une indication des accords constitutifs sans représenter l'enchaînement absolu par quinte.*

Quelle place occupent les notes tonales de la gamme, considérées dans la même octave?

Ces notes considérées dans une seule Octave sont la 1.re, la 4.e, la 5.e; autrement dit, la Tonique, la Sous-dominante, la Dominante. Ex: en UT 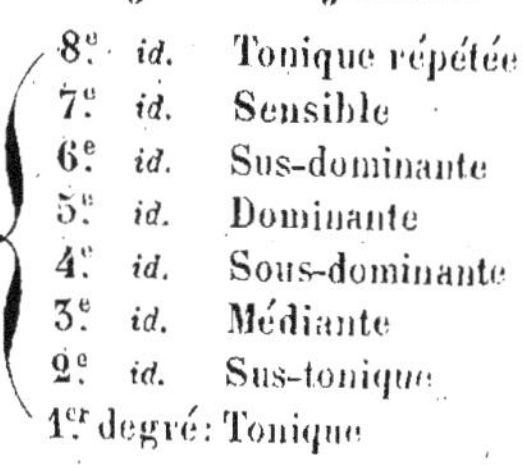

Quels sont les noms de tous les degrés de la gamme?

8.e   *id.*   Tonique répétée
7.e   *id.*   Sensible
6.e   *id.*   Sus-dominante
5.e   *id.*   Dominante
4.e   *id.*   Sous-dominante
3.e   *id.*   Médiante
2.e   *id.*   Sus-tonique
1.er degré: Tonique

3° DES SIGNES D'ALTÉRATION

Par quel moyen avons nous vu élever ou abaisser les notes des tétra-
cordes successifs de l'enchaînement des gammes, pour conserver aux de-
mi-tons la place semblable à celle qu'ils occupent dans la gamme type.

Par le moyen des signes d'altération.

Qu'est-ce qu'un signe d'altération?

On appelle signe d'altération, un signe conventionnel qui indique qu'il faut élever ou abaisser le son de la note devant laquelle il est placé.

Les signes d'altération [1] sont: Le Dièse ♯ qui élève le son d'½ ton.

        Le Bémol ♭ qui l'abaisse   d'½ ton.

        Le Double ✗ ♯♯ qui l'élève de 2 tons.

        Le Double ♭♭ qui l'abaisse de 2 tons.

On détruit l'effet du signe d'altération par un autre signe conventionnel nommé bécarre ♮ et qui ramène la note en son état naturel.

Le Bécarre, justement par ce qu'il détruit l'effet des signes d'altération,
peut, s'il exerce son action sur les altérations constitutives d'un ton, devenir
à son tour, signe d'altération.

Ex. 

Qu'est ce que les altérations constitutives d'un ton?

On appelle Altérations constitutives, les Altérations qu'on établit, de Tétracorde en tétracorde, dans l'enchaînement des gammes et sans lesquelles, les tonalités successives, ne sauraient exister: Ainsi qu'on peut s'en assurer plus haut.

Les Altérations constitutives sont :

Si♭	Pour la Gamme de FA		Fa♯	Pour la Gamme de SOL	
Si♭ Mi♭	,,	de SI♭	Fa♯ Ut♯	,,	de RE
Si♭ Mi♭ La♭	,,	de MI♭	Fa♯ Ut♯ Sol♯	,,	de LA
Si♭ Mi♭ La♭ Ré♭	,,	de LA♭	Fa♯ Ut♯ Sol♯ Ré♯	,,	de MI
Si♭ Mi♭ La♭ Ré♭ Sol♭	,,	de RÉ♭	Fa♯ Ut♯ Sol♯ Ré♯ La♯	,,	de SI
Si♭ Mi♭ La♭ Ré♭ Sol♭ Ut♭	,,	de SOL♭	Fa♯ Ut♯ Sol♯ Ré♯ La♯ Mi♯	,,	de FA♯
Si♭ Mi♭ La♭ Ré♭ Sol♭ Ut♭ Fa♭	» d'Ut♭.		Fa♯ Ut♯ Sol♯ Ré♯ La♯ Mi♯ Si♯	,,	d'Ut♯

Les signes constitutifs des gammes, inscrits ainsi à la clef, se nomment :

L'ARMURE

Les bémols se succèdent: Les dièses se succèdent:

de quinte en quinte juste en descendant   de quinte en quinte juste en montant

TABLEAU DES HEXACORDES

(UT RÉ MI FA SOL LA) adaptés à l'Echelle musicale du Moyen-âge

Echelle musicale moyen-âge	Noms véritables	Hexacorde mol	Hexacorde naturel	Hexacorde dur
ee	Mi			La
dd	Ré	La		Sol
cc	Ut	Sol		Fa } demi-ton
bb	Si	Fa } si♭ mol.		Mi } (si) ♮ carré
aa	La	Mi } demi-ton	La	Ré
g	Sol	Ré	Sol	Ut
f	Fa	Ut	Fa } demi-ton	
e	Mi		Mi } ton	La
d	Ré	La	Ré	Sol
c	Ut	Sol	Ut	Fa } demi-ton
b	Si	Fa } si♭ mol.		Mi } (si) ♮ carré
a	La	Mi } demi-ton	La	Ré
G	Sol	Ré	Sol	Ut
F	Fa	Ut	Fa } demi-ton	
E	Mi		Mi } ton	La
D	Ré		Re	Sol
C	Ut		Ut	Fa } demi-ton
B	Si			Mi } (si) ♮ carré
A	La			Re
Γ (Gamma)	Sol			Ut

CHAPITRE VII.

SUITE DE LA TONALITÉ

1° DU MODE MINEUR, 2° DES RAPPORTS DES TONS ENTRE EUX, 3° DE LA GAMME CHROMA-
TIQUE, 4° DES DIFFÉRENTS DEMI-TONS ET DU TON.

1° DU MODE MINEUR.

N'existe-t'il pas une autre manière de faire la gamme?

La Manière Mineure, dont il a été fait mention sommairement au chapitre du Cercle
harmonique (*Voir ce chapitre*)

Qu'est-ce que la gamme Mineure?

C'est une gamme formée des mêmes sons qu'une gamme Majeure donnée; cette gamme
ayant son point de départ une tierce au-dessous de la Tonique Majeure.

*Comment nomme-t'on deux gammes, l'une majeure l'autre mineure, formées
des mêmes sons?*

Ces gamme s'appellent Gammes Relatives.

*Est-il actuellement en usage de faire entendre la gamme mineure, ainsi qu'elle
est écrite ci-dessus, comme la nature nous la livre?*

Non, il est d'usage de hausser d'un demi-ton, le 7.° degré de la gamme mineure, afin
d'obtenir une succession plus agréable, et conforme à l'habitude que la Sensible Majeure, a, en quelque sorte, imposée à l'oreille.

Voici cette succession consacrée par l'usage:

Où sont placés les demi-tons dans cette succession?

Du 2.° au 3.° degré, du 5.° au 6.° et du 7.° au 8.° degré.

*Chaque gamme Majeure possède-t'elle à la 3.° mineure inférieure, une relati-
ve mineure?*

Oui, ainsi qu'on l'a pu remarquer déja, et réciproquement. Ces gammes relatives,
composées des mêmes éléments, possèdent la même Armure à la Clef.

*Comment reconnaître, puisque l'armure est la même, si un morceau écrit est
dans une Tonalité Majeure ou dans sa relative mineure.*

En examinant avec soin la phrase première *qui doit ou peut* contenir la note Sensible mineure, et qui bien plus certainement indique par son tour et sa cadence, à laquelle des deux tonalités elle appartient.

Qu'appelle-t'on NOTES MODALES?

La première tierce et la première sixte de la gamme qui indiquent le *Mode ou la
manière* d'être de la gamme.

Ex: pris sur deux
gammes ayant mê_
me tonique ou
gammes homonymes

UT {

MAJEUR.

MINEUR.

Nota. *Avant le rehaussement de la sensible mineure les notes Modales étaient au nombre*
de 3, autant que de signes différentiels a la Clef entre les 2 modes.

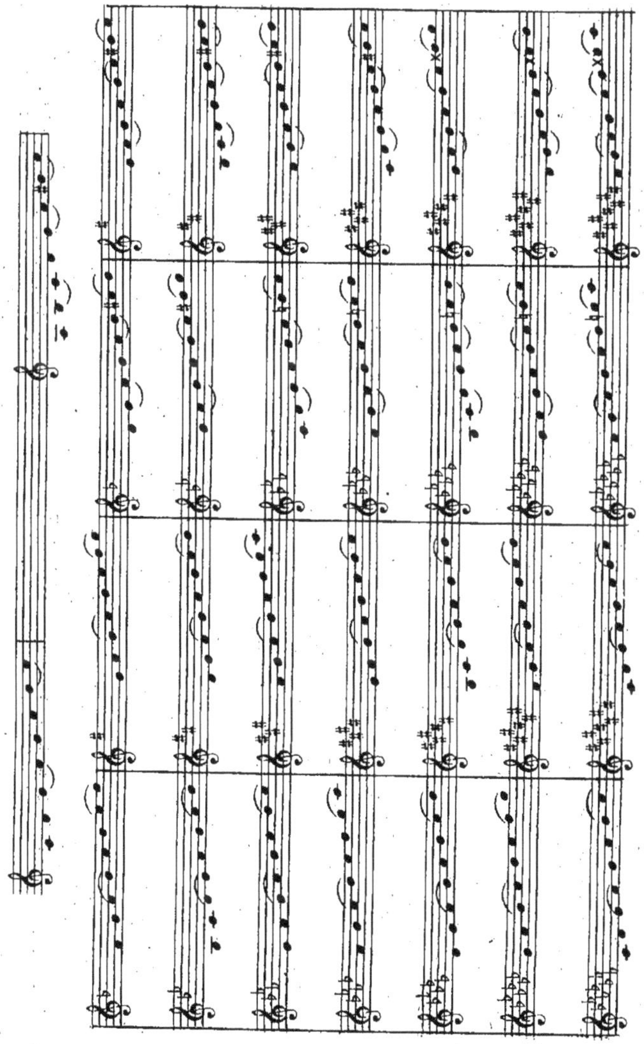

TABLEAU GÉNÉRAL DES GAMMES

GAMMES MINEURES

GAMMES MAJEURES

La gamme Mineure se fait aussi de la façon suivante :

Cette gamme, assez délaissée aujourd'hui avait, en descendant, l'avantage de se rapprocher entièrement de la gamme d'UT puisqu'elle en présentait tous les éléments; elle était plus facile d'intonation en montant, abolissant la 2.ᵉ augmentée du 1ᵉʳ genre mineur présenté au tableau; mais elle s'écartait davantage, en montant, de son ton relatif majeur.

2.º DES RAPPORTS DES TONS ENTRE EUX

Qu'appelle-t'on, Tons Voisins ?

On appelle tons voisins les tons qui ne diffèrent d'un ton donné, que d'une altération constitutive en plus ou en moins à la Clef; et par conséquent formés d'*éléments* en partie *communs*.

1 ♭ à la Clef	Rien à la Clef	1 ♯ à la Clef
FA MAJEUR	UT MAJEUR	SOL MAJEUR
RÉ MINEUR	LA MINEUR	MI MINEUR

Qu'appelle-t'on tons homonymes ?

Deux tons, l'un Majeur, l'autre Mineur qui possèdent même tonique, mêmes notes tonales, même sensible et ne sont cependant nullement relatifs :

Ex. UT MAJEUR ———— UT MINEUR

SOL MAJEUR ———— SOL MINEUR

Entre deux tons homonymes, il existe toujours 3 signes de différence à la clef.

Ex. UT MAJEUR —— UT MINEUR 3 ♭ à la Clef

SOL MAJEUR 1 ♯ —— SOL MINEUR 2 ♭ à la Clef

MI ♭ MAJEUR 3 ♭ —— MI ♭ MINEUR 6 ♭ à la Clef

} 3 signes de différence

Qu'appelle-t'on tons Synonymes ?

Ceux-là même qui sont les tons *enharmoniques* indiqués dans l'Enchainement par tétracordes des gammes.

Quels signes Différentiels existe-t'il entre deux tons Synonymes ou Enharmoniques ?
Douze signes :

Ex. SI MAJ. = 5 ♯ —— UT ♭ = 7 ♭ —— 5 + 7

FA ♯ MAJ. = 6 ♯ —— SOL ♭ = 6 ♭ —— 6 + 6

UT ♯ MAJ. = 7 ♯ —— RÉ ♭ = 5 ♭ —— 7 + 5

} 12 signes de différence

Quels signes différentiels existe-t-il, entre deux tons de même mode, dont les Toniques sont à ½ ton chromatique de distance?

Toujours sept Signes:

Ut Majeur			**Ut ♯ Majeur**	7 ♯	
Sol Majeur	1 ♯		**Sol ♭ Majeur**	6 ♭	} 7 signes de différence
Mi ♭ Majeur	3 ♭		**Mi Majeur**	4 ♯	

3º DE LA GAMME CHROMATIQUE   4º DES DIFFÉRENTS DEMI-TONS ET DU TON.

3º DE LA GAMME CHROMATIQUE

N'y a-t-il pas une autre façon de faire la Gamme?

Oui, la manière Chromatique

Qu'est-ce que la Gamme Chromatique?

On appelle Gamme Chromatique, une gamme procédant par demi-tons, ainsi qu'il suit:

GAMME CHROMATIQUE ASCENDANTE.   GAMME CHROMATIQUE DESCENDANTE.

Ne remarque-t-on point deux particularités dans la gamme chromatique; et quelle en est la raison?

Premièrement: Dans la gamme Ascendante, après une série de signes d'altération ascendants, on remarque un *signe abaissant* devant le SI. La raison en est que le SI♭ appartient au ton de FA, voisin de la gamme d'UT, tandis qu'un LA♯ n'appartiendrait qu'à un ton éloigné du ton d'UT.

Deuxièmement: Dans la gamme descendante, au milieu d'une série de signes d'altération descendants, on remarque un *Signe élevant* devant le FA. La raison en est que le FA♯ appartient au ton de SOL, voisin de la gamme d'UT, tandis qu'un SOL♭ n'appartiendrait qu'à un ton éloigné du ton d'UT.

Pourquoi cette gamme porte-t-elle le nom de Chromatique?

Parce qu'on y voit apparaître *à découvert* des demi-tons chromatiques.

4º DES DIFFÉRENTS DEMI-TONS ET DU TON.

Qu'est-ce qu'un demi-ton chromatique   Et pourquoi dire qu'il est à DÉCOUVERT?

On appelle chromatique, un demi-ton formé de deux notes de même nom; comme UT, UT♯ _ SOL, SOL♯ _ SI, SI♭ _ RÉ, RÉ♭.

On dit qu'il est à *découvert* dans la gamme Chromatique parce qu'il s'y présente détaché d'un autre demi-ton nommé le *demi-ton diatonique*, avec lequel, *étroitement lié*, il forme ton dans toute les *gammes diatoniques*

(*Nous considérons comme chromatique, l'altération du 7º degré de la gamme mineure*)

Qu'est-ce que le demi-ton diatonique

Le demi-ton diatonique, cette autre partie du ton, est précisément celui qui se présente dans la gamme diatonique entre le 3º et le 4º degré, etc. ses deux notes portent des noms différents: UT♯ RE _ RÉ♯ MI _ SI♭ LA _ FA MI.

Qu'est-ce donc qu'un ton?

C'est l'espace *diatonique* formé par deux notes de noms conjoints Comme UT RÉ_FA SOL_ LA SI _UT♯ RE♯_pouvant se diviser en deux demi-tons; l'un Chromatique et l'autre Diatonique_C'est l'*Unité* de distance sonore sur lequel est basé notre système musical.

CHAPITRE VIII.
DES INTERVALLES

Qu'est-ce qu'un intervalle?

On nomme intervalle musical, la distance d'un son à un autre.

Quels sont les noms des Intervalles?

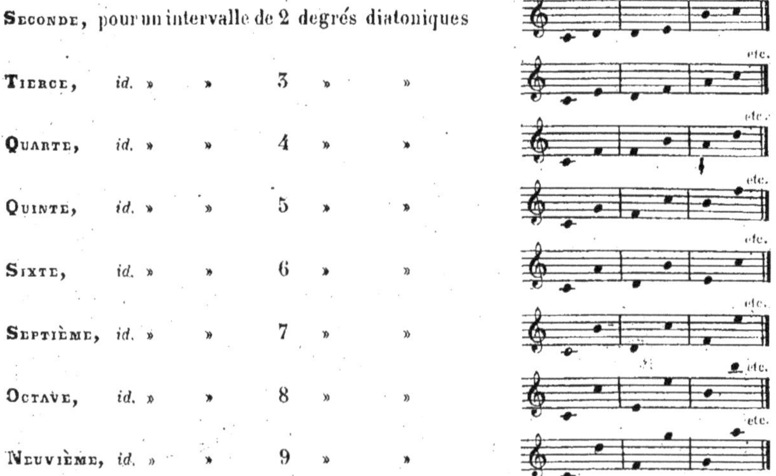

SECONDE, pour un intervalle de 2 degrés diatoniques

TIERCE,   id. »   »   3   »   »

QUARTE,   id. »   »   4   »   »

QUINTE,   id. »   »   5   »   »

SIXTE,   id. »   »   6   »   »

SEPTIÈME, id. »   »   7   »   »

OCTAVE,   id. »   »   8   »   »

NEUVIÈME, id. »   »   9   »   »

Ces degrés sont des degrés *diatoniques*, c'est-à-dire comptés dans l'ordre des notes de la gamme; on ne doit pas tenir compte, pour le nom de l'Intervalle des altéra_tions qui peuvent affecter l'intervalle; ces altérations détermineront seulement la qua_lification applicable au nom de l'Intervalle.

Qu'y a-t-il à considérer encore pour la classification des intervalles?

Le nombre et la nature des *espaces constitutifs* qui séparent *les degrés.*

En quel nombre sont ces espaces constitutifs, par rapport au nombre des degrés?

Toujours UN *de moins* que le nombre des degrés. Ex:

UNE SECONDE:	1	espace	pour	2	degrés
UNE TIERCE:	2	id.	»	3	»
UNE QUARTE	3	id.	»	4	»
UNE QUINTE:	4	id.	»	5	»
UNE SIXTE:	5	id.	»	6	»
UNE SEPTIÈME:	6	id.	»	7	»
UNE OCTAVE:	7	id.	»	8	»
UNE NEUVIÈME:	8	id.	»	9	»

Sous combien de formes se présentent les Intervalles dans le mode Majeur?

Tous les intervalles compris *en-dessous* de l'Octave, se présentent sous 2 formes dans le mode Majeur; et seulement sous ces deux formes:

La forme **Majeure**, (la plus grande)
La forme **Mineure**, (la plus petite)

NOTA: (*Cette dénomination de forme* Majeure et Mineure *n'a pas été conservée à tous les intervalles; mais il est nécessaire de les considérer sous ces noms et d'étudier ensuite les causes du changement de dénomination dont certains intervalles ont été l'objet*)

CONSIDÉRONS LES INTERVALLES
en UT:

La Seconde
y comprend: { 1 ton dans les cas suivants: 
{ $\frac{1}{2}$ ton dans ceux-ci:

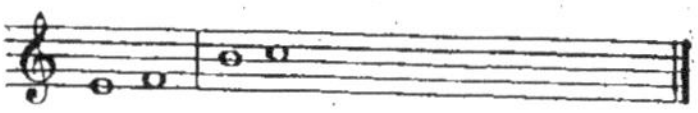

Donc, la 2de Majeure sera d'un ton.
la 2de Mineure sera d'un demi-ton diatonique.

La Tierce
y comprend: { 2 tons dans les cas suivants: 
{ 1 ton $\frac{1}{2}$ dans ceux-ci:

Donc, la 3^{ce} Majeure sera de 2 tons.
la 3^{ce} Mineure sera d'un ton et d'un demi-ton diatonique.

La Quarte
y comprend: { 3 tons dans le cas suivant: 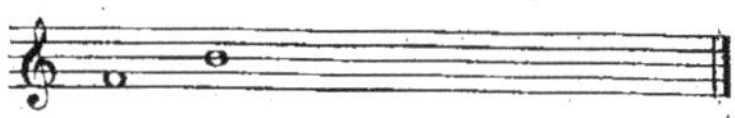
{ 2 tons $\frac{1}{2}$ dans ceux-ci:

Donc, la 4te Majeure sera de 3 tons.
la 4te Mineure sera de 2 tons et d'un demi-ton diatonique.

NOTA: *Jusqu'ici les Intervalles majeurs ne comprennent que des tons, et les intervalles mineurs un seul demi-ton (et des tons en plus.)*

(*Sachant par le nom même de l'intervalle, le nombre de ses degrés, on en déduira facilement le nombre des espaces constitutifs (Un de moins que le nombre des degrés). Il sera simple ensuite, par le Nota sus-indiqué d'en comprendre la nature.*)

La Quinte
y comprend: { 3 tons et $\frac{1}{2}$ ton diatonique dans les cas suivants: 
{ 2 tons $\frac{2}{2}$ tons diatoniques dans celui-ci:

Donc la 5te Majeure sera de 3 tons et un demi-ton diatonique.
la 5te Mineure sera de 2 tons et deux demi-tons diatoniques.

La Sixte y comprend: { 4 tons et ½ ton diatonique dans les cas suivants :

{ 2 tons et ²⁄₂ tons diatoniques dans ceux-ci :

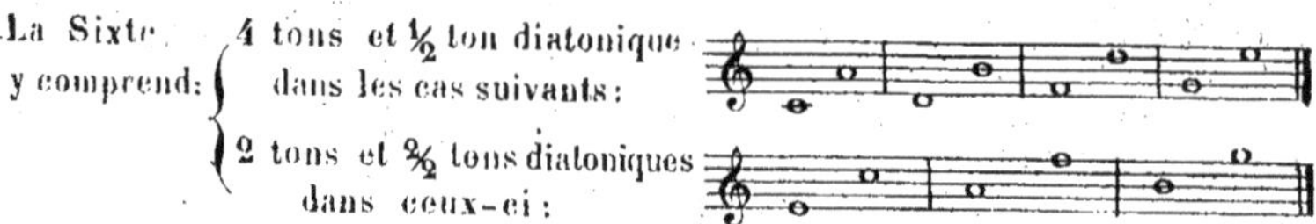

Donc, la 6ᵗᵉ Majeure sera de 4 tons et ½ ton diatonique
la 6ᵗᵉ Mineure sera de 3 tons et ²⁄₂ tons diatoniques

La Septième y comprend: { 5 tons et ½ ton diatonique dans les cas suivants :

{ 4 tons et ²⁄₂ tons diatoniques dans ceux-ci :

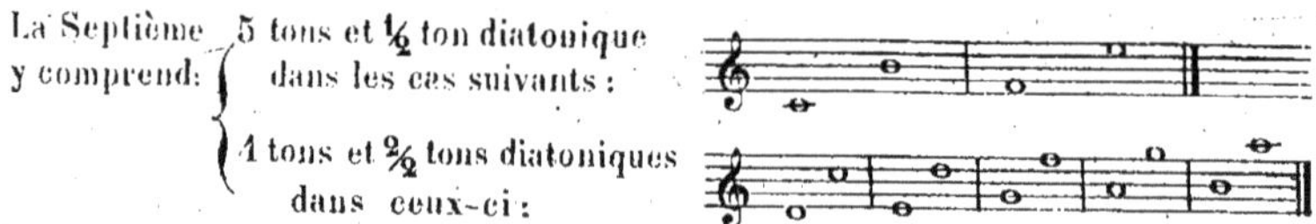

Donc la 7ᵉ Majeure sera de 5 tons et ½ ton diatonique
la 7ᵉ Mineure sera de 4 tons et ²⁄₂ tons diatoniques

NOTA: *A partir de la Quinte, les intervalles comptent 1 seul demi-ton diatonique (et des tons en plus) lorsqu'ils sont Majeurs; ²⁄₂ tons diatoniques (et des tons en plus) lorsqu'ils sont mineurs.*

TABLEAU RESTREINT

DES INTERVALLES MAJEURS ET MINEURS

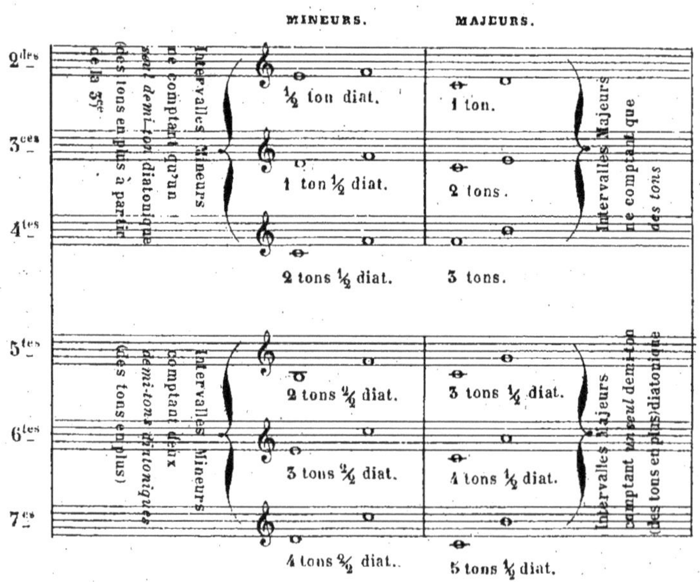

Ces Intervalles sont-ils les seuls qui existent en Musique?

Si l'on ajoute un *demi-ton Chromatique* à la Constitution de l'intervalle majeur, et qu'on retranche un demi-ton diatonique à la Constitution de l'intervalle mineur, on obtient deux nouvelles classes d'intervalles:

La Classe des Augmentés

La Classe des Diminués

	DIMINUÉS	MINEURS	MAJEURS	AUGMENTÉS
		½ ton chrom en moins		½ ton chrom en plus
2des	(Intervalle théorique) impraticable	½ ton diat.	1 ton.	1 ton ½ chrom.
3^{ces}	2/2 tons diat.	1 ton ½ diat.	2 tons.	2 tons ½ chrom.
4tes	1 ton 2/2 diat.	2 tons ½ diat.	3 tons.	3 tons ½ chrom.
5tes	1 ton 3/2 diat.	2 tons 2/2 diat.	3 tons ½ diat.	3 tons ½ diat. ½ chrom.
6tes	2 tons 3/2 diat.	3 tons 2/2 diat.	4 tons ½ diat.	4 tons ½ diat. ½ chrom.
7^{es}	3 tons 7/2 diat.	4 tons 2/2 diat.	5 tons ½ diat.	5 tons ½ diat. ½ Chrom.

Quel est le signe caractéristique de l'Intervalle Augmenté?

Le demi-ton Chomatique *apparent.*

Pourquoi la 2de Diminuée est-elle appelée dans ce tableau, intervalle théorique impraticable?

1° Parce que cet intervalle, *au piano,* se trouve formé de deux mêmes sons: MI — FA♭ par exemple, et qu'un intervalle, pour exister en tant qu'intervalle, doit faire entendre deux sons différents.

2° Parce que, dans la justesse absolue des sons (*Voir le système du Tempérament*), le FA♭ se trouve *au-dessous du mi naturel* et que le croisement de la note supérieure est inadmissible.

3° Parce que, de ce croisement, résulterait pour l'oreille un frôlement de la note supérieure à Un Comma (ou 1 *Neuvième de ton*) au-dessous de la note inférieure, qui constituerait une non-justesse incompatible avec notre système musical.

N'existe t'il pas CERTAIN DÉSORDRE apporté dans l'ordre du tableau précé_dent — désordre adopté cependant?

Les intervalles de quartes et de quintes ont perdu les dénominations de mineures et Majeures pour prendre celles de Justes et Augmentées pour les Quartes; de dimi_nuées et Justes quant aux Quintes.

Pourquoi ces changements de dénomination?

À cause de la tendance particulière de certains de ces Intervalles.

Exposer cette tendance?

Certains intervalles sont formés de notes sans tendance, et constituent ce qu'on nomme les intervalles de repos;

tandis que d'autres, comme les intervalles augmentés et diminués, sont des interval_les à tendance et constituent ce qu'on nomme les intervalles de mouvement:

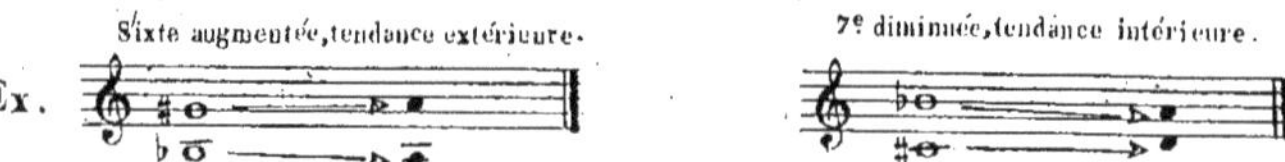

Assimilation d'un intervalle Majeur et d'un intervalle Mineur à ces Intervalles?

La Quarte Majeure: dont la tendance est la même que celle des Intervalles augmentés, perd son nom de Quarte Majeure pour porter ce_lui de *Quarte Augmentée.*

La Quinte Mineure: dont la tendance est la même que celle des Intervalles diminués, perd son nom de Quinte Mineure pour porter ce_lui de *Quinte Diminuée.*

Que deviennent alors les intervalles de Quarte Mineure et de Quinte Majeure: leur dénomination semble ne plus avoir sa raison d'être, puisque l'intervalle qui leur faisait respectivement face dans le premier tableau vient de perdre sa qua_lification primordiale?

En effet, la quarte mineure ne peut conserver ce nom, puisque la Quarte Majeure prend désormais celui de Quarte-Augmentée.

La Quinte Majeure ne peut conserver ce nom, puisque la Quinte Mineure prend désormais celui de Quinte Diminuée.

Quelle dénomination porteront donc ces intervalles déclassés?

La dénomination de *Justes.*

Pourquoi ce nom de JUSTES?

La quinte étant l'un des Intervalles vibrant avec un son fondamental (*Voir le Chapi_tre de la Tonalité*) est considérée comme naturelle et partant *Juste.* La quarte délaissée étant le renversement de la quinte juste, portera cette même denomination:

La 4te Augmentée du 1er tableau portera le nom de 4te Sur-augmentée

La 5te Diminuée du 1er tableau portera le nom de 5te Sous-diminuée

TABLEAU RÉTABLI:

EU ÉGARD AUX TENDANCES:

	CLASSE DES DIMINUÉES.	CLASSE DES MINEURS.	CLASSE DES MAJEURS.	CLASSE DES AUGMENTÉES
2des	Interv. impraticable.	½ diat.	1 ton.	1 ton ½ Chrom.
3ces	3/2 diat.	1 ton ½ diat.	2 tons.	2 tons ½ Chrom.
		4te Juste	4te Augmentée.	4te sur-Augmentée
4tes	1 3/2 diat	2 3½ diat.	3 tons.	3 ½ Chrom.
	5te Sous-dimin.	5te diminuée.	5te Juste.	
5tes	1 3/2 diat.	2 t 3/2 diat	3 t ½ diat.	3 t ½ diat ½ Chrom.
6tes	2 3/2 diat.	3 t 3/2 diat.	4 t ½ diat.	4 t ½ diat. ½ Chrom.
7es	5 3/2 diat.	4 t 3/2 diat.	5 t ½ diat.	5 t ½ diat. ½ Chrom.

Et si l'on voulait ajouter un demi-ton chromatique à la Classe des Intervalles Augmentés, qu'obtiendrait-on?

La Classe des Intervalles *Sur-augmentés (Inusités)*

De même, si l'on retranchait un demi-ton chromatique à la Classe des Intervalles Diminués, qu'obtiendrait-on?

La Classe des Intervalles *Sous-diminués* (Inusités)

Qu'appelle-t-on INTERVALLES DIATONIQUES?

Ceux qui font partie de la gamme diatonique Majeure et Mineure (moins la 5te Augmentée de la gamme mineure et son renversement la 4te diminuée)

Ces Intervalles sont :

1° Tous les Intervalles Majeurs et Mineurs

2° La 2de Augmentée, la 4te Augmentée.

3° La 5te Diminuée, la 7e Diminuée. [1]

4° L'Octave Juste (L'Octave, que nous avons omise à dessin n'a pour ainsi dire qu'une façon d'être, elle comprend 5 tons 2/2 tons diatoniques.

Tous les autres intervalles n'existent que sous l'influence d'altérations chro _ matiques.

TABLEAU INDIQUANT,

APRÈS L'ÉTUDE FAITE DES INTERVALLES, QUE:

LE NOMBRE DES ESPACES CONSTITUTIFS EST INVARIABLE, ET

toujours égal au nombre des Degrés *MOINS UN*.

INTERVALLES.	NOMBRE DE DEGRÉS.	DIMINUÉS.	MINEURS.	MAJEURS.	NOMBRE DES ESPACES.
2des	2	» »	½	1 ton.	═ 1
3^ces	3	2/2 tons.	1 ton ½ ton.	2 tons.	═ 2
4tes	4	1 ton 2/2 tons.	2 tons ½ ton.	3 tons.	═ 3
5tes	5	1 ton 3/2 tons.	2 tons 2/2 tons.	3 tons ½ ton.	═ 4
6tes	6	2 tons 3/2 tons.	3 tons 2/2 tons.	4 tons ½ ton.	═ 5
7^es	7	3 tons 3/2 tons.	4 tons 2/2 tons.	5 tons ½ ton.	═ 6

NOTA: 1° *Il est à remarquer que le nombre des tons diminue si l'on resserre l'intervalle et que le nombre des demi-tons diatoniques s'accroît d'autant.*

2° *Les intervalles de la Classe des Augmentés sont soustraits à dessin de ce tableau: le demi-ton chromatique qui les Caractérise ne constitue point un espace nouveau, mais une augmentation, un rallongement du dernier espace. Ici placés, les intervalles augmentés eussent pu cependant paraître démentir la coordonnance du Tableau.*

---

[1] C'est à dessin que la 7e diminuée, et son renversement la 2e augmentée, sont considérées comme *intervalles diatoniques*: la 7e diminuée faisant partie de l'harmonie dissonante naturelle, quoi- qu'elle soit née de l'altération factice de la sensible mineure.

Ne serait-il pas utile de connaître sur quels degrés de la Gamme Majeure et Mineure se placent les intervalles.

VOICI CE TABLEAU

		Nombre des Intervalles	Gamme Majeure — Degrés	Nombre des Intervalles	Gamme Mineure — Degrés
SECONDES	Mineures	2	3e ___ 7e	3	2e ___ 5e ___ 7e
	Majeures	5	1er 2e ___ 4e 5e 6e	3	1er ___ 3e 4e
	Augmentées	»		1	6e
TIERCES	Mineures	4	2e 3e ___ 6e 7e	4	1er 2e ___ 4e ___ 7e
	Majeures	3	1er ___ 4e 5e	3	3e ___ 5e 6e
QUARTES	Diminuées	»		1	7e
	Justes	6	1er 2e 3e ___ 5e 6e 7e	4	1er 2e 3e ___ 5e
	Augmentées	1	4e	2	4e ___ 6e
QUINTES	Diminuées	1	7e	2	2e ___ 7e
	Justes	6	1er 2e 3e 4e 5e 6e	4	1er ___ 4e 5e 6e
	Augmentées	»		1	3e
SIXTES	Mineures	3	3e ___ 6e 7e	3	1er ___ 5e 7e
	Majeures	4	1er 2e ___ 4e 5e	4	2e 3e 4e ___ 6e
SEPTIÈMES	Diminuées	»		1	7e
	Mineures	5	2e 3e ___ 5e 6e 7e	3	2e ___ 4e 5e
	Majeures	2	1er ___ 4e	3	1er ___ 3e ___ 6e

L'Octave juste se place sur tous les degrés de la Gamme Majeure et de la Gamme Mineure

L'Octave n'est elle jamais altérée?

Certains auteurs parlent de l'Octave augmentée et diminuée: voici dans quel cas les Octaves altérées se peuvent présenter.

etc.

Vice versa.

Quels intervalles rencontre-t'on au-delà de l'octave?

La 9ᵉ la 10ᵉ la 11ᵉ la 12ᵉ etc. qui ne sont que la répétition des intervalles contenus dans l'octave.

Comment savoir quel est l'intervalle primitif ou simple qui a donné naissance à un intervalle répété ou composé?

Il suffit de retrancher le nombre 7 autant de fois qu'il peut se trouver contenu dans le nombre des degrés; le reste de la soustraction donne le nombre des degrés (et par conséquent le nom) de l'intervalle primitif.

Ex. *UNE DIXIÈME* $(10 - 7 = 3$ ou$)$ *une TIERCE*

UNE QUINZIÈME $(15 - 7 \times 2 = 1$ ou$)$ *L'UNISSON*

UNE VINGTCINQUIÈME $(25 - 7 \times 3 = 4$ ou$)$ *une QUARTE*

Qu'est-ce qu'un intervalle renversé?

Ainsi que l'indique son nom, c'est un intervalle dont la note supérieure devient l'inférieure, et la note inférieure la supérieure à l'octave.

(ou vice versa)

Comment saura t'on, par un simple calcul, quel sera le renversement d'un intervalle donné?

En ajoutant, au nombre des degrés de l'intervalle donné le nombre nécessaire pour former le nombre 9.

Ex	Une 2ᵈᵉ	$2 + 7 = 9$	aura pour renversement	Une	7ᵉ
	Une 3ᶜᵉ	$3 + 6 = 9$	"	"	"	Une	6ᵗᵉ
	Une 4ᵗᵉ	$4 + 5 = 9$	"	"	"	Une	5ᵗᵉ
	Une 5ᵗᵉ	$5 + 4 = 9$	"	"	"	Une	4ᵗᵉ
	Une 6ᵉ	$6 + 3 = 9$	"	"	"	Une	3ᶜᵉ
	Une 7ᵉ	$7 + 2 = 9$	"	"	"	Une	2ᵈᵉ
	Une 8ᵛᵉ	$8 + 1 = 9$	"	"	"	l'unisson

La qualité paticulière de l'Intervalle variera en même temps du tout au tout:

Diminué	se	changera	en	Augmenté
Mineur	id	»	»	Majeur
Majeur	id	»	»	Mineur
Augmenté	id	»	»	Diminué
Sur-augmenté	id	»	»	Sous-diminué

Mais l'intervalle Juste restera Juste

Moyen de Reconnaître sûrement et rapidement la Qualification d'un intervalle quelconque.

Tous les Intervalles, *comptés à partir* de la Tonique d'une gamme Majeure sont *Majeurs ou Justes*

Exemple: en FA:

FA —— SOL —— 2de Majeure

FA —— LA —— 3^{ce} Majeure

FA —— SI ♭ —— 4te Juste

FA —— UT —— 5te Juste

FA —— RÉ —— 6te Majeure

FA —— MI —— 7e Majeure

et de même pour toutes les gammes Majeures.

Tout intervalle plus grand d'un demi-ton que Majeur, est Augmenté;

plus petit d'un demi-ton que Majeur, est Mineur;

plus petit de deux demi-tons que Majeur, est Diminué;

Tout intervalle plus grand d'un demi-ton que Juste, est Augmenté;

plus petit d'un demi-ton que Juste, est Diminué;

Dès lors, rien n'est plus facile que de mesurer un intervalle et de reconnaître sa qualité, en considérant comme tonique la note grave de l'intervalle demandé.

Ex: FA—UT♯ ? Réponse: Une 5te Augmentée, parce que la 5te qui se trouve dans la gamme Majeure de FA, à partir de cette note est FA—UT, 5te juste; et que UT♯ étant plus élevé d'un demi-ton, la 5te est augmentée au lieu d'être Juste; etc.

REMARQUE: *Si la note grave de l'Intervalle ne peut servir comme tonique d'une gamme Ex: RE♯—FA♭ abaisser ou élever cette tonique d'un demi-ton, ainsi que la note supérieure de l'Intervalle proposé.*

CHAPITRE IX.

DU SYSTÈME DU TEMPÉRAMENT

Qu'est-ce que le système du tempérament dont il a été question au chapitre précédent?

C'est un moyen *terme* qui permet d'exécuter toutes les tonalités sur les instru_ments à clavier, à clefs et à pistons.

Comment se fait-il qu'il y ait en quelque difficulté à exécuter les diverses tonalités sur ces instruments?

On a dû remarquer que les touches du clavier portent toutes plusieurs noms; or, ces noms indiquent des sons qui, dans la justesse absolue, sont placés *à une fai_ble distance* les uns des autres:

Ex :	RÉ ♭♭	Même touche au clavier:
	UT	3 Sons différents dans
	SI ♯	la véritable justesse.

Exposez pourquoi?

On divise le ton en 9 parties égales appelées *Commas*.

Or, il est trés certain, pour une oreille exercée, que les deux demi-tons chromati_que et diatonique formant le ton ne sont pas égaux:

Le demi-ton chromatique est un peu plus grand que le demi-ton diatonique.

(Cette différence s'entend à la voix et sur tout les instruments où l'artiste forme le son: violon, alto violoncelle, etc.)

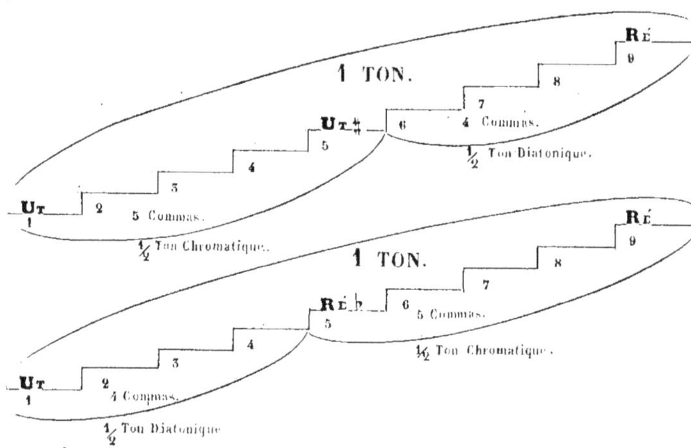

Ainsi que l'indique le tableau ci dessus, il existe une différence d'un *neuviè_me de ton ou d'un Comma* entre le son réel du Ré ♭ et de l'Ut ♯. _ Cette dif_férence existant entre toutes les *notes enharmoniques*, et les notes étant au nombre de 35 pour une seule Octave, il eût fallu 35 touches au Clavier, par exem_ple, pour les exprimer selon la vérité absolue. Ce nombre des touches aurait rendu le Clavier impraticable à l'exécution manuelle.

Par quel moyen a-t'on réduit à 12 touches, les 35 touches qu'il eût fallu employer pour exprimer les 35 sons savoir :

35 Sons	{	7 notes doublement diésées,
		7 notes diesées,
		7 notes naturelles,
		7 notes bémolisées,
		7 notes doublement bémolisées,

En coupant en deux cette différence du demi-ton chromatique et du demi-ton dia_tonique, et en établissant les notes *ainsi tempérées* sur la même touche, ce qui don_ne pour l'une et pour l'autre, une différence en moins et en plus d'un *dix-hui_tième de ton.*

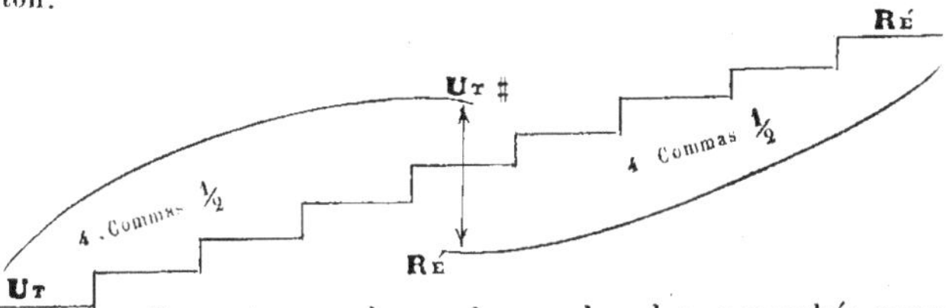

De sorte que chacun des sons les plus rapprochés, comme par exemple RÉ♭♭, UT, SI♯, forment le même degré au clavier.

TABLEAU DES 35 SONS ENHARMONIQUES
FIXÉS SUR LES 12 TOUCHES DU CLAVIER.

1	2	3	4	5	6	7	8	9	10	11	12
RÉ♭♭	RÉ♭	MI♭♭	FA♭♭	FA♭	SOL♭♭	SOL♭	LA♭♭	LA♭	SI♭♭	UT♭♭	UT♭
UT	UT♯	RÉ	RÉ♯	MI	FA	FA♯	SOL	SOL♯	LA	SI♭	SI
SI♯	SI X	UT X	MI♭	RÉ X	MI♯	MI X	FA X	,,	SOL X	LA♯	LA X

Mais cet ensemble, qui n'est dressé ici que *par rapport aux touches du cla_vier,* n'est pas le véritable tableau des enharmonies: il faut, pour qu'il soit vrai_ment musical, qu'il suive la progression de quinte en quinte, adoptée comme ba_se de la tonalité.

RÉ♯ [11]	LA♯ [12]	MI♯ [13]	SI♯ [14]	FA X [15]	UT X [16]	SOL X [17]	RÉ X [18]	LA X [19]	MI X [20]	SI X [21]	,,
MI♭ [23]	SI♭ [22]	FA [1]	UT [2]	SOL [3]	RÉ [4]	LA [5]	MI [6]	SI [7]	FA♯ [8]	UT♯ [9]	SOL♯ [10]
FA♭♭ [35]	UT♭♭ [34]	SOL♭♭ [33]	RÉ♭♭ [32]	LA♭♭ [31]	MI♭♭ [30]	SI♭♭ [29]	FA♭ [28]	UT♭ [27]	SOL♭ [26]	RÉ♭ [25]	LA♭ [24]

Les musiciens, instrumentistes ou chanteurs, qui, formant le son eux-mêmes en dehors du clavier, font entendre la véritable justesse des sons, ont-ils ce droit?

Oui, c'est ce qu'on nomme *Tolérance mélodique;* cette tolérance rend, en quel que sorte, la tonalité plus vivante et plus sympathique qu'au clavier.

Peut-on, indifféremment, indiquer une note par les 5 noms qu'elle peut por_ter au Clavier?

Non; il faut suivre d'une façon absolue ce qu'indique et veut la Tonalité.

CHAPITRE X

1º DU SYSTÈME DES CLEFS 2º DES CLEFS ET DES VOIX

1º DU SYSTÈME DES CLEFS

Qu'est-ce qu'une clef ?

Il a été dit au 1er Chapitre, qu'une clef est un signe qui indique le nom et la hauteur de son d'une note; et par conséquent le nom et la hauteur de toutes les autres, par rapport à celle-là.

Se servait-on, à l'origine, du système figuré marquant les sinuosités de la Musique et que nous avons en usage aujourd'hui?

Non, mais on se servait après bien des tâtonnements[1] d'un système dit des Neumes et d'un système plan, dont la lecture était fort difficile et qui devait entraver les progrès de l'art.

Voici le système-plan.

La série des sons graves était représentée par 7 lettres Majuscules; la série des sons du médium par 7 lettres minuscules; la série des sons élevés par 7 doubles minuscules.

A B C D E F G a b c d e f g aa bb cc dd ee ff gg

auxquelles trois séries, on ajoutait un son grave représenté par le gamma Γ grec; de cette note initiale, le nom de gamme).

Γ A B C D E F G a b c d e f g aa bb cc dd ee ff gg

Quel système a remplacé ce système rudimentaire?

Un système de points placés sur des lignes:

et représentant précisément les 3 octaves de la voix humaine, prise dans la moyenne de ses ensembles.

Sa lecture ne se trouvait-elle pas très compliquée encore, sur une pareille portée?

Assurément, aussi indiquait-on le nom des notes au moyen de 3 lettres, ou points de repère, placées en tête de la portée aux lignes de FA (F), UT (C), SOL (G):

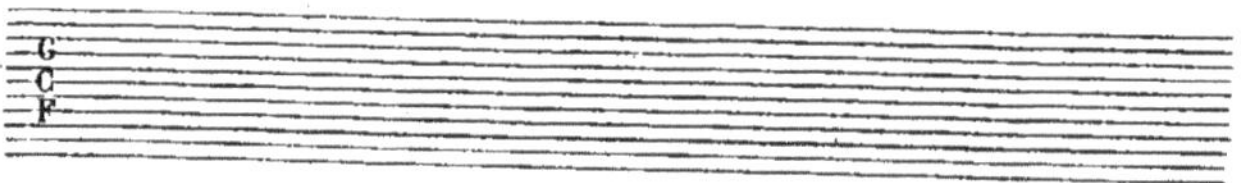

---

[1] C'est à dessein que nous abrégeons ici les commencements de la représentation des sons; tous ces systèmes primitifs ne faisant que surcharger l'enseignement nécessaire aux élèves des cours de solfège.

Ces lettres sont devenues ces signes-clefs, dont on se sert actuelle_
ment; sous l'inexpérience des copistes du Moyen-âge, leur forme s'est per_
due et c'est à peine si :

Notre Clef de 𝄢 rappelle l' F,

Notre Clef d' ⊞ rappelle le C,

Notre Clef de 𝄞 rappelle le G.

DES CLÉS ET DES VOIX.

En combien de catégories les voix se divisent-elles?

En deux grandes catégories qu'indique la nature.

    VOIX GRAVES, ou *VOIX DES HOMMES.*

    VOIX ÉLEVÉES, ou *VOIX DES FEMMES* et des *ENFANTS.*

Ne subdivise-t'on pas chacune de ces catégories?

Les voix d'hommes   (**TENOR.**   Les voix de femmes   (**SOPRANO.**

se subdivisent en   { **BARYTON.**   se subdivisent en   { **MEZZO SOPRANO.**

Voix de: (**BASSE.**   Voix de: (**CONTRALTO**

Ces voix s'élèvent de tierce en tierce à partir du FA^2 (à l'octave infé_
rieure du FA de la Clef) et se correspondent à l'octave, de catégorie à catégorie
ainsi qu'il suit :

Quel est l'étendue moyenne de la voix humaine?

Chaque voix prise à l'état de nature, ou selon les limites de la musique cho-
rale, ne s'étend guère à plus de 2 octaves moins 1 dégré ; ce qui, sur la por_
tée primitive, donnera les échelles suivantes :

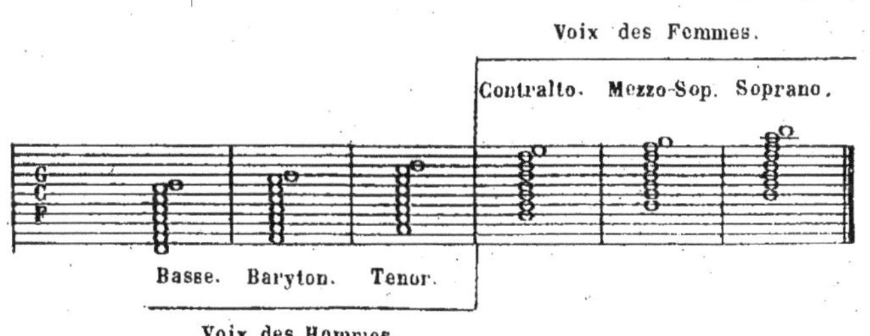

Que remarque-t'on, en étudiant les échelles vocales précédentes?

Il est facile de remarquer que les lignes supérieures de la grande portée ne serviront jamais aux voix graves; les ligne extrêmes, aux voix du médium; les lignes inférieures, aux voix élevées

Combien de lignes seraient indispensables pour écrire chaque voix?

Cinq lignes seulement, (à la condition d'augmenter ce nombre par des lignes supplémentaires, s'il était nécessaire).

Dessinez, dans la portée générale, une succession de petites portées de cinq lignes se rapportant à chacune des voix, prise dans sa moyenne?

Par quels noms désigner ces petites portées partielles?

Par le nom et la position de la clé initiale de la grande portée, respective_ment en rapport avec la petite..

VOICI CETTE SUCCESSION DE PORTÉES

PORTANT CLEFS.

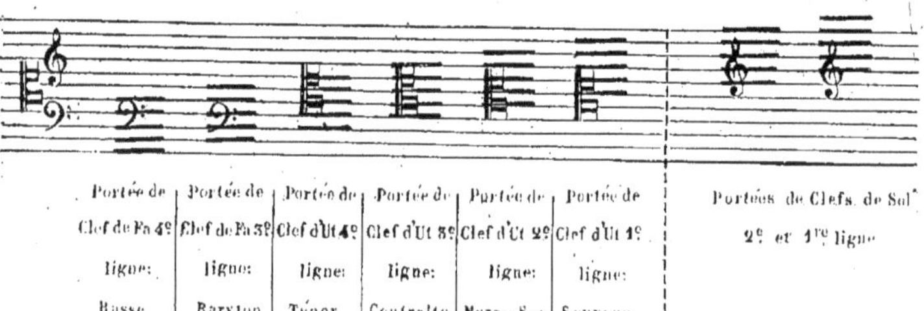

Ce qui, abstraction faite de la grande portée, donnera la succession de clefs, suivante.

En tout : huit Clefs.

Chacune de ces clefs indique-t-elle un FA—un UT—un SOL—différents.

Nullement, chaque clé indique un point fixe qui ne se peut mouvoir; la portée partielle s'élève devant ce point fixe (ainsi qu'on peut s'en assurer au tableau général.)

Du reste, il est simple de dresser ici un tableau, témoignant de l'immobilité d'un point repère quelconque, venant appuyer, par son évidence, l'immobilité de l'un, et par conséquent des 3 points de repère: FA, UT, SOL, déjà signalés.

MÊME **UT**

Quelle apparence prendra ce point de repère, sur les portées extraites de la portée générale?

Une apparence d'échelle descendante; mais, encore une fois, ce n'est qu'une apparence.

Ces clés sont-elles toutes usitées aujourd'hui?

Non, la clef de Sol 1ʳᵉ ligne, formant double emploi avec la clef de FA 4ᵉ ligne, on est convenu de ne s'en plus servir.

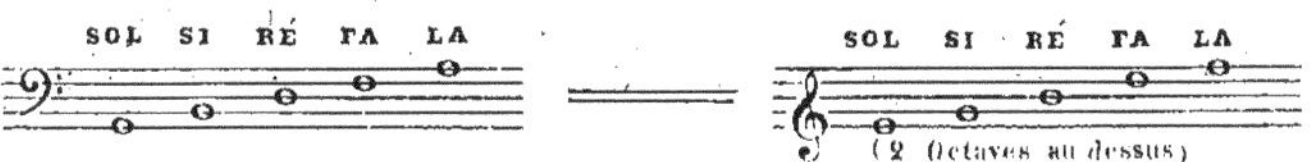

Quel est, en plus du système des voix adapté aux clefs, le résultat obtenu par ce système des clefs?

La lecture et l'écriture transposées d'un morceau donné. En effet, si l'on considère cette succession de l'UT du medium, (point de repère qui nous a servi), on verra qu'il occupe successivement toutes les positions, et peut porter les 7 noms différents de la gamme :

7 noms de la gamme, supposés en Clef de Sol.

Prenez un exemple d'où découle la transposition ?

Écrivons un Si en clef de Sol ; pour qu'il devienne Ut, il faudra substituer à la clef de Sol 2ᵉ ligne, la clef d'Ut 3ᵉ ligne.

Autre exemple : Écrivons un Sol ; ce Sol deviendra Ut, si l'on substitue à la clef écrite, la clef d'Ut 2ᵉ ligne : etc. etc. etc.,

Du reste, le champ est ouvert à toute transposition, si l'on considère qu'une même note peut porter, avec des changements de clef, les 7 noms différents,

aussi bien que le point UT portait les 7 noms de la gamme.

Comment savoir à quelle hauteur transcrire, dans une clef, une mélodie donnée ?

Toujours au moyen du point de repère : il suffit de mesurer dans la clef écrite la distance des notes à ce point de repère, et de compter cette même distance dans la nouvelle clef.

CHAPITRE XI.
DES VOIX.

La solmisation étant le complément nécessaire de ces études techniques, il nous semble à propos de donner ici quelques notions particulières des voix et des registres — Ainsi qu'il a été dit au chapitre précédent, les voix se divisent en :

VOIX des *HOMMES* :
{ **TÉNORS.**
{ **BARYTON.**
{ **BASSE.**

VOIX des *FEMMES* :
{ **SOPRANO.**
{ **MEZZO SOPRANO.**
{ **CONTRALTO.**

Qu'est-ce que le quatuor vocal ?

Les quatre voix les plus différentes et opposées dans leur diapason et leurs effets.

{ **TÉNOR.**
{ **BASSE.**

{ **SOPRANO.**
{ **CONTRALTO.**

Des voix intermédiaires ?

Quant aux voix de Baryton et de Mezzo-Soprano, elles sont des voix intermédiaires, participant du caractère des voix qui les avoisinent; (et les plus répandues dans les climats tempérés).

De l'étendue des voix ?

Ainsi qu'on l'a vu précédemment, l'étendue de la voix humaine, *dans ses moyennes*, est de 2 octaves moins 1 degré; mais cette étendue peut s'accroître par l'étude. Certaines voix de femme ont pu mesurer deux octaves et demie.

Pour les voix d'homme, l'extension est plus rare, car la voix de tête est interdite aux hommes, (sauf cependant pour quelques notes, exceptionnellement permises aux ténors légers d'opéra comique).

Que signifie ce terme :"Voix de tête" ?

Ce terme indique le registre élevé des voix :

Et qu'entend-on par cet autre terme "Registre" ?

Par le terme *registre*, on entend une série de sons consécutifs et homogènes, allant du grave à l'aigu, produits par le même principe mécanique, et dont la nature diffère essentiellement d'une autre série de sons, également consécutifs et homogènes, produits par un autre principe homogène.

Tous les sons appartenant *au même registre* sont, par conséquent, de la même nature, quelles que soient, d'ailleurs, les modifications de timbre ou de force qu'on leur fasse subir.

Quels sont les différents Registres?

Les registres sont, du grave à l'aigu.

Le Registre de la voix de Poitrine; Dans lequel le larynx occupe la position la plus grave et la voix semble vibrer à la poitrine.

3 Le Registre de la voix de Medium; Dans lequel le larynx occupe la position d'éléva_tion moyenne et la voix semble couverte parfois, ou indécise

Le Registre de la voix de Tête; Dans lequel le larynx occupe la position *sur-élevée* et la voix semble enfantine, d'un accent poëtique et délicat.

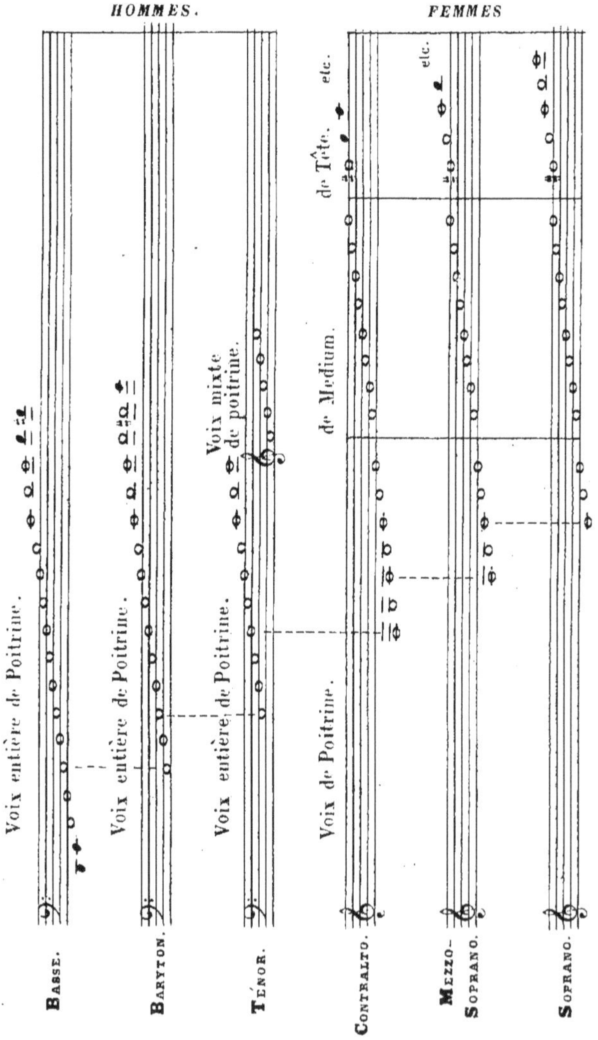

HOMMES.

FEMMES

L'étendue respective de chaque voix, indiquée ci-dessus, appartient-elle sans exception à chacune des voix?

Non, le tableau dressé ci-dessus souffre des exceptions, quant à l'étendue, et un sous-classement

La voix de Basse se subdivise en : { *BASSE PROFONDE.*
{ *BASSE CHANTANTE.*

La voix de Baryton » en : { *BARYTON D'OPÉRA.*
{ *BARYTON MARTIN.*

La voix de Ténor » en : { *TÉNOR de GRAND OPÉRA.*
{ *TÉNOR LÉGER.*

La voix de Contralto (*LA PLUS RARE DES VOIX*
(*de Femme.*

La voix de Mezzo » en : { *MEZZO-CONTRALTO.*
{ *MEZZO-SOPRANO.*

La voix de Soprano » en : { *G.d SOPRANO "FALCON," ou "forte chanteuse d'Opéra"*
{ *SOPRANO de demi-caractère.*
{ *SOPRANO léger d'Opéra ou d'Opéra-Comique*

N'existe-t-il point encore des voix exceptionnelles?

La voix de Haute-Contre, voix d'homme, montant latéralement à la voix de Contralto, d'un timbre élevé, aigu, autant que la voix de Contralto semble grave.

On l'écrit en Clef d'UT 3.e ligne :

Voix franche de Poitrine   Voix mixte de Poitrine

Enfin les voix des "Sopranistes", très rares aujourd'hui, mais qui, jusqu'aux siècles derniers, avaient su attirer une sorte de grande vogue, tant dans les exécutions de la musique religieuse à la Chapelle Sixtine, qu'au Théâtre :

Les voix de Sopranistes se divisent en Voix de : { *CONTRALTO.*
» { *MEZZO-SOPRANO.*
» { *SOPRANO.*

DU TIMBRE

Mais ce qui caractérise les voix, plus encore que l'étendue, c'est *le Timbre*.

Le Timbre est la qualité propre du son qui fait qu'on ne peut confondre le son d'un instrument et d'un autre _ Violon et Alto _ Flute et Hautbois _ Cor et Clairon Chaque catégorie de voix possède son timbre particulier; et cependant chacune des voix compte pourtant des résonnances propres à elle seule,qui,quoique la classant avec ses paires,l'en font différer encore.— Les belles découvertes d'Helmoltz,mesurant les sons accompagnants de la voix humaine,sont venues donner l'explication de ces curieuses différences de timbre.

CHAPITRE XII.

DES ORNEMENTS MÉLODIQUES

Qu'appelle-t-on"Ornements mélodiques"?

On nomme ainsi,des notes accompagnant les notes réelles de la phrase mélodique, qu'on pourrait retrancher sans que cela nuisît à la compréhension de la phrase donnée; mais qui lui apportent cependant un charme et une grâce agrémentant ses contours.

Quels sont ces ornements?

  1°   L'*APPOGGIATURE.*

  2°   L'*ACCIACCATURE.*

  3°   LE *MORDANT.*

  4°   LE *GROUPE.*

  5°   LE *TRILLE.*

1° *Qu'est ce que l'Appoggiature?*

C'est l'ornement le plus facile à exécuter: ainsi que l'indique son nom,elle consiste à *appuyer une petite note*, étrangère le plus souvent à l'harmonie d'accompagnement, au détriment d'une *note réelle* qui la suit,et à laquelle elle emprunte une partie de sa valeur.

Elle peut être supérieure ou inférieure.

Quant à sa durée; en général. 1° Si la note réelle est une valeur binaire,l'appoggiature prend la moitié de sa valeur; 2° Si la note réelle est une valeur ternaire,l'appoggiature lui emprunte les deux tiers de sa valeur.

On a l'habitude, dans la solmisation,de donner à l'appoggiature le nom de la note réelle.

2°. *Qu'est-ce l'acciaccature?*

On nomme ainsi, en opposition avec l'appoggiature, une petite note brève qui précède, soit à 1 ton, soit à $\frac{1}{2}$ ton, une note d'une durée plus longue.

L'acciaccature porte encore le nom de note brisée ou barrée.

3°. *Qu'est-ce que le mordant?*

Le Mordant se compose de deux ou trois notes précédant la note principale.

4°. *Qu'est-ce que le groupe?*

Le groupe est un ornement de deux, trois, ou quatre notes, qui ne font point partie de la mélodie : il se compose des appoggiatures, inférieures et supérieures, de la note réelle devant laquelle il est placé.

Ex:

5°. *Qu'est-ce que le Trille?*

Le Trille est une alternation rapide de deux sons conjoints, à la distance d'un ton ou d'un $\frac{1}{2}$ ton diatonique.

Il peut se terminer de différentes façons; et s'indique par les lettres : tr⌇⌇⌇

CHAPITRE XIII.

1? *DES SIGNES, DES REPRISES, ABRÉVIATIONS*
2? *DES TERMES USITÉS EN MUSIQUE. 3? DU MÉTRONOME*

1? DES SIGNES.

Il nous faut faire connaître encore quelque signes et termes employés en Musique, et d'un usage si fréquent, qu'il est nécessaire à l'élève d'en avoir l'intelligence.

Comment s'indique la fin d'un morceau ?

Par une double barre :  qui, munie de

deux points, signifie qu'il vient d'y avoir reprise du dernier passage, enclavé entre de doubles barres précédemment rencontrées et celles de la fin. 

Que signifient ces figures : 𝄋 𝄌

Ces signes renvoient l'exécutant aux signes semblables et correspondants, inscrits en tête d'un passage à reprendre.

Qu'est-il encore convenu ?

Il est convenu que des barres obliques et parallèles évitent la répétition écrite d'une formule précédemment exécutée et qu'on doit continuer.

Qu'indique ce signe : ⸺

Ce signe, appelé Soufflet, s'ouvrant ainsi, indique qu'il faut renforcer progressivement le son ; se fermant ainsi, ⸺ qu'il le faut diminuer.

On peut allier ces deux signes :

Le signe suivant ➤ *, appelé accent?*

Ce signe accentue fortement, ainsi que celui-ci: ⋀, la note sur laquelle il est placé.

Cet autre ⌣ détache lourdement la note qu'il surmonte et qui prend le nom de *Son porté* ou *louré*.

Que signifient les points et les virgules, placés au-dessus des notes?

Les points veulent les notes piquées vivement; les virgules plus lentement; ainsi que les points surmontés d'une liaison.

Enfin, que signifie l'accolade longue?

La longue accolade indique la phrase mélodique, c'est une sorte de ponctuation musicale, que l'élève devrait apprendre à respecter dès le début de ses études; ne respirant, s'il chante, que lorsque l'accolade cesse, afin d'éviter les contre-sens musicaux.

2° DES TERMES EMPLOYÉS EN MUSIQUE

A: *Au point de vue du Mouvement.*

Il est d'usage d'inscrire, en tête des Morceaux de Musique, des Termes Italiens qui indiquent, (approximativement) à l'exécutant, le mouvement qu'il doit prendre.

Les termes les plus usités sont:

LARGO	*Signifiant*	*LARGEMENT*
LENTO	»	*LENT*
GRAVE	»	*GRAVEMENT*
ADAGIO	»	*POSÉMENT*
ANDANTE	»	*ALLANT*
ALLEGRO	»	*GAIMENT* (assez vite)
PRESTO	»	*VITE*
LARGHETTO	»	*Diminutif de LARGO*
ANDANTINO	»	» *d'ANDANTE*
ALLEGRETTO	»	» *d'ALLEGRO*
PRESTISSIMO	»	*Superlatif de PRESTO*

A ces Termes, il est d'usage d'ajouter encore des modificatifs, tels que:

MOLTO	BEAUCOUP
NON TROPPO	PAS TROP
ASSAÌ	PLUS QUE BEAUCOUP
UN POCO	UN PEU

B: DES TERMES

EMPLOYÉS AU POINT DE VUE DE L'EXPRESSION:

CANTABÌLE	Signifiant	CHANTANT
MODERATO	»	MODÉRÉMENT
SOSTENUTO	»	SOUTENU
AFFECTUOSO	»	AFFECTUEUSEMENT
AMOROSO	»	AMOUREUSEMENT
SCHERZO	»	EN BADÌNANT
CON BRÌO	»	BRÌLLAMMENT
CON FUOCO	»	AVEC FEU
CON ANÌMA	»	AVEC ÂME
RÌSOLUTO	»	RÉSOLUMENT
AGÌTATO	»	AVEC AGÌTATION

C: DES TERMES

EMPLOYÉS AU POINT DE VUE DE L'INTENSITÉ DU SON:

PÌANO	Signifiant	FAÌBLE
PÌANÌSSÌMO	»	TRÈS-FAÌBLE
DOLCE	»	DOUX
DÌMÌNUENDO	»	EN DÌMÌNUANT
SMORZANDO	»	EN ÉTEÌGNANT
MORENDO	»	EN MOURANT
PERDENDOSÌ	»	EN SE PERDANT
MEZZA VOCE	»	A DEMÌ-VOÌX
SFORZANDO	»	EN FORÇANT
CRESCENDO	»	EN CROÌSSANT
MEZZO FORTE	»	A MOÌTIÉ FORT
FORTE	»	FORT
FORTÌSSÌMO	»	TRÈS-FORT
CALANDO	»	SE CALMANT
PÌANO FORTE	»	SUBÌTEMENT du faible au fort
FORTE PÌANO	»	du fort au faible

D : *Des Termes employés au point de vue du changement de mouvement et de l'expression, combinés.*

RALLENTANDO	*signifiant*	*EN RALLENTISSANT*
RITARDANDO	»	*EN RETARDANT*
RITENUTO	»	*EN RETENANT*
ALARGANDO	»	*EN ÉLARGISSANT*
ACCELERANDO	»	*EN ACCÉLÉRANT*
STRINGENDO	»	*EN PRESSANT*

3º DU MÉTRONOME

REMARQUE   *Il est d'usage, aujourd'hui, d'inscrire, en tête du morceau, une indication précise, ainsi conçue, par exemple: ²⁄₄ ♩ = 60. Ce qui s'énoncerait ainsi: Mesure à deux: quatre; une blanche = 60. C'est la vitesse réglée au Métronome.*

Qu'est-ce donc que le Métronome?

Inventé par Winckel d'Amsterdam, et perfectionné par Maëlzel, en 1815, le Métronome n'est pas autre chose qu'un balancier, contenu dans une boîte le plus souvent en forme de pyramide quadrangulaire.

La tige de ce balancier se prolonge par en haut; sur cette partie de la tige glisse un contre-poids mobile, qui a pour mission de ralentir ou d'accélérer les oscillations du balancier, selon qu'il est placé plus ou moins haut.

Le Métronome est réglé sur la minute.

Une échelle numérotée, placée derrière la tige du balancier, indique le nombre d'oscillations que parcourra la tige du métronome à la minute. Chaque oscillation est rendue sensible à l'ouïe par le bruit que produit la machine à chaque battement.

Glissons le poids mobile en face du numéro 80 de l'échelle; l'instrument franchira 80 oscillations par minute....

Au numéro 108 === 108 oscillations par minute. etc

Il est convenu qu'on doit mettre en regard du numéro du Métronome une figure de note, afin d'indiquer la durée absolue de cette valeur.

♩ = 60	*signifiera*	Soixante blanches à la minute	
♩ = 120	»	Cent vingt noires	*Id.*
♩. = 72	»	Soixante douze noires pointées	*Id.*

DE LA

TRANSPOSITION

CHAPITRE XIV

DE LA TRANSPOSITION

Qu'est-ce que la transposition?

C'est l'ensemble des connaissance qui permettent d'exécuter un morceau donné, dans une tonalité autre et quelconque:

Quel est le but de la transposition?

La Transposition est uniquement destinée à faciliter l'exécution des morceaux écrits pour les voix.

Est-il bon de savoir transposer?

Il est indispensable à un musicien de savoir transposer.

Mais devrait-on transposer?

Non, les chanteurs n'auraient jamais dû se permettre de changer ce qui est écrit dans une tonalité voulue par un auteur; mais l'usage prévaut sur le respect dû aux inspirations des Maîtres; et il est indispensable de savoir transposer.

DES DIFFÉRENTS GENRES DE TRANSPOSITION.

Combien compte-t-on de genre de Transposition?

Deux genres:

      1°. La Transposition Chromatique.

      2°. La Transposition Diatonique.

Qu'est-ce que la transposition Chromatique?

Celle qui consiste à élever ou à abaisser d'un demi-ton Chromatique un morceau donné.

Qu'est-ce que la Transposition Diatonique?

Celle qui consiste à exécuter un morceau donné, à un intervalle diatonique quelconque, au-dessus ou au-dessous.

1° DE LA TRANSPOSITION CHROMATIQUE.

Cette Transposition se divise en : { Supérieure.
                                      { Inférieure.

A: *Quelles sont les lois de la Transposition Chromatique supérieure?*

Dans cette transposition, les clefs écrites restent les mêmes; c'est au moyen *des signes d'altération seulement,* que s'effectue la transposition.

Exposez pourquoi? Et parlez du changement supposé de l'armure?

Prenons un morceau en UT et transposons-le en UT ♯; il est bien évident que les notes n'auront point à changer de nom; et que, partant, les clefs écrites *resteront invariables;* mais, par la pensée, il faudra armer ces clefs de 7 ♯, et exécuter le morceau *avec cette armure supposée.* Ceci ne suffit pas:

Des signes accidentels?

Il faut encore avoir égard aux *signes accidentels* qui *pourraient se pré-*

senter dans le *courant du morceau*.

Puisque l'exécution nouvelle du morceau donné aura lieu 1 demi-ton Chromatique au-dessus de la tonalité écrite, il résultera que *tous les signes accidentels* qu'on rencontrera, *devront être haussés*, eux aussi, *d'un demi-ton Chromatique*. — Et ces signes, quels qu'ils soient, *devant toutes les notes accidentées passagèrement :*

Le ♭♭ devra se lire ♭ (*hausser une note d'*½ *ton correspond à mettre* 1 ♯)

Le ♭   »   ♮ (*Id*.   )

Le ♮   »   ♯ (*Id*.   )

Le ♯   »   × (*Id*.   )

Ce qui s'appelle avoir 7 ♯ en plus à surveiller dans les accidents.

REMARQUE: *Ne point confondre l'armure de la tonalité et* LES ALTÉRATIONS ACCIDEN_TELLES, *toujours au nombre de* 7 (*dans l'orde des* ♯.)

Ex: Un morceau est en Mi ♭. Pour le transposer à ½ ton chromatique au-dessus, il doit passer en Mi naturel. La Clef s'armera *donc de 4* ♯ ; Mais les signes accidentels changeront, dans le sens ascendant, devant toutes les notes : FA, UT, SOL, RÉ, LA, MI, SI.

Un morceau est en Sol ♭ ; pour le transposer à ½ ton Chromatique au-dessus, il doit passer en Sol naturel. La Clef s'armera donc d'un ♯ ; mais les signes accidentels changeront, dans le sens ascendant, devant toutes les notes : FA, UT, SOL, RÉ, LA, MI, SI.

B : *Quelles sont les lois de la transposition Chromatique Inférieure?*

Dans cette transposition, de même que dans la précédente, les clefs écrites restent les mêmes; c'est au moyen des *Signes d'altération* seulement que s'effectue la Transposition.

Exposez pourquoi? Et parlez du changement supposé de l'armure?

Prenons un morceau en UT, et transposons-le en UT ♭ ; il est bien évident que les notes n'auront point à changer de nom; et que, partant, les clés écrites *resteront invariables*; mais, par la pensée, il faudra armer ces clés de 7 ♭ et exécuter le morceau *avec cette armure supposée*. — *Ceci ne suffit pas*.

Des Signes accidentels?

Il faut aussi avoir égard, comme précédemment, *aux signes accidentels* qui pourraient se présenter dans le *Courant du morceau*.

Puisque l'exécution nouvelle, du morceau donné aura lieu à un demi-ton Chromatique au dessous de la tonalité écrite, il en résultera que *tous les signes accidentels* qu'on rencontrera devront être abaissés, eux aussi, *d'un demi-ton Chromatique*. Et ces signes, *quels qu'ils soient, devant toutes les notes accidentées passagèrement*.

Le × deviendra ♯ (*abaisser une note d'*½ *correspond à mettre* 1 ♭)

Le ♯   »   ♮ (*Id*.   )

Le ♮   »   ♭ (*Id*.   )

Le ♭   »   ♭♭ (*Id*..   )

Ce qui s'appelle avoir 7♭ à surveiller dans la transposition chroma_tique inférieure.

REMARQUE RÉPÉTÉE: *Ne point confondre l'armure de la Tonalité, et les Altérations ac_cidentelles, toujours au nombre de 7, (dans l'ordre des ♭).*

Ex: Un morceau est en Mi; pour l'exécuter en Mi♭: 3♭ à la clef, mais 7♭ de dif_férence Un morceau est en Sol; pour l'exécuter en Sol♭: 6♭ à la clef, mais 7♭ de différence.

II.º DE LA TRANSPOSITION DIATONIQUE

A: DE LA SUBSTITUTION DE CLEFS NOUVELLES AUX CLEFS ÉCRITES.

Quelle connaissance est-il indispensable de posséder pour cette transposition?

La parfaite connaissance de toutes les clefs employées en Musique, qui sont; (Voir le chapitre des Clefs) :

Pourquoi cette connaissance est-elle indispensable? [1]

Parce que les notes du morceau qu'on se propose de transposer dans un autre ton (à un intervalle diatonique quelconque) devant changer de nom, c'est par la substitution mentale d'autres clefs, aux clefs écrites, qu'on obtiendra ce résultat.

Comment le système des clés permet-il ce résultat?

Si l'on considère une *note quelconque, mais la même, dans toutes les clés,* l'Ut par exemple on s'aperçoit qu'elle occupe successivement les 7 positions qui dans une seule et même clef donneraient les 7 notes de la gamme, de tierce en tierce. Ex:

Renversant cet exemple, après avoir établi les 7 notes dans leur succession conjointe, on obtiendra une succession de 7 Ut, (dans des diapasons différents):

---

(1) Nous ne saurions trop signaler ici l'erreur de certains professeurs qui se croient en droit d'enseigner la transposition par des moyens empyriques; et qui, n'imposant point la lec_ture des clefs à leurs élèves, parce qu'ils l'ignorent, tournent la difficulté au lieu de la vaincre et n'obtiennent que des résultat factices _Serait-il permis à un musicien digne de ce nom d'i_gnorer la première nécessité de son art: la lecture? Sans cette lecture dans les clefs, non-seule_ment, il y aura impossibilité de transposer, mais même d'exécuter le plus simple des Quatuors har_moniques; à plus forte raison, impossibilité d'interpréter, soit une fugue de Chérubini, soit un motet de Palestrina, et surtout la Partition d'orchestre!

En substituant donc une clef voulue à la clef écrite, on transposera le mor_
ceau donné; (ce qu'il fallait démontrer).

Donnez la suite des Clefs qu'il faudra employer pour transposer un accompagne_
ment écrit en clefs de FA 4ᵉ ligne et de SOL 2ᵉ ligne, à tous les intervalles dia_
toniques?

CLÉS de l'accompᵗ donné.	Transposition à tous les intervalles de 2ᵈᵉˢ inférieures ou 7ᵉˢ supᵉˢ	Id. à tous les intervalles de 3ᶜᵉˢ inférieures ou 6ᵗᵉˢ supᵉˢ	Id. à tous les intervalles de 4ᵗᵉˢ inférieures ou 5ᵗᵉˢ supᵉˢ	Id. à tous les intervalles de 5ᵗᵉˢ inférieures ou 4ᵗᵉˢ supᵉˢ	Id. à tous les intervalles de 6ᵗᵉˢ inférieures ou 3ᶜᵉˢ supᵉˢ	Id. à tous les intervalles de 7ᵉˢ inférieures ou 2ᵈᵉˢ supᵉˢ

REMARQUE: La Clé à employer à la main gauche est celle qui suit immédiatement, *dans
le sens ascendant du système des Clés,* la clé employée à la main droite.

Suffit-il de la connaissance des clefs pour pouvoir transposer?

Non, il faut encore savoir quels *Signes accidentels* changeront dans le cou_
rant de la transposition.

Ces signes sont soumis à des règles fixes pour chaque genre de transposi_
tion. Voici ces règles:

B: DES SIGNES ACCIDENTELS
RENCONTRÉS AU COURANT DE LA TRANSPOSITION

Que rencontre-t'on, au courant de la transposition, qui nécessite une étude spéciale?

Les signes d'altération accidentels.

En effet, dans l'éxécution d'un morceau transposé, non seulement on doit
avoir égard aux *Signes constitutifs de la Tonalité;* mais encore, abaisser ou éle_
ver les *Signes accidentels qui s'y présentent.*

Par exemple:

Un morceau étant écrit en Mi♭, s'il s'agit de le transposer en Ut naturel, il
faudra, tout le temps de l'éxécution, hausser d'un demi-ton les signes accidentels,
placés devant les notes: FA – UT – SOL.

Pourquoi devant ces notes FA–UT–SOL, qui au premier abord ne semblent avoir aucune raison d'être choisies ?

Par le changement de la clef, les signes SI–MI–LA, ne deviennent point autres que FA–UT–SOL, ainsi que le prouve l'exemple suivant :

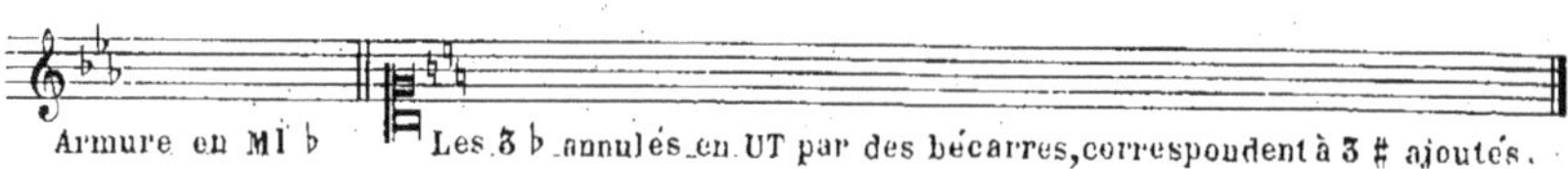

Quelles règles découlent d'abord de cet exemple et du suivant.

A : Retrancher des bémols, en transposition, correspond à ajouter des ♯. En effet, retrancher des bémols, c'est élever d'un demi-ton des notes précédemment abaissées ; et, par conséquent, faire faire aux bécarres un office tout semblable à celui des ♯

B : Retrancher des dièses, en transposition, correspond à ajouter des ♭. En effet, retrancher des dièses, c'est abaisser d'un demi-ton, des notes précédemment élevées ; et par conséquent, faire faire aux bécarres un office tout semblable à celui des ♭.

Ex :

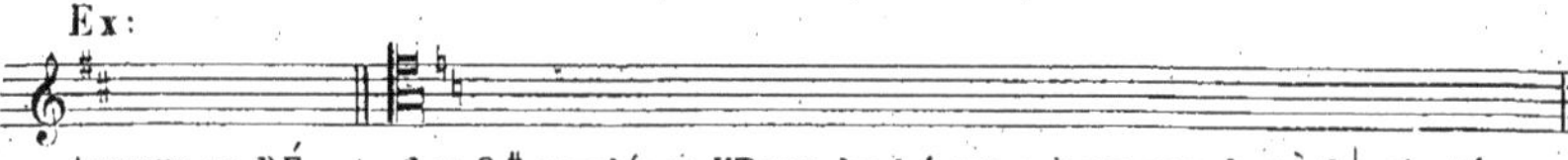

Ceci compris. Comment formuler les règles définitives des signes accidentels ?

1º Autant le ton de la Transposition exige de ♯ en plus ou de ♭ en moins que n'en compte le ton écrit, autant on aura de notes, prises dans l'ordre des ♯, devant lesquelles les accidents devront être haussés d'un demi-ton chromatique.

Le ♭♭ deviendra ♭ ; le ♭ = ♮ ; le ♮ = ♯ ; le ♯ = ×.

2º Autant le ton de la Transposition exige de ♭ en plus ou de ♯ en moins que n'en compte le ton écrit, autant on aura de notes, prises dans l'ordre des ♭, devant lesquelles les accidents devront être baissés d'un demi-ton chromatique.

Le × deviendra ♯ ; le ♯ = ♮ ; le ♮ = ♭ ; le ♭ = ♭♭.

3º La différence existant entre l'armure écrite et l'armure supposée peut être de plus de sept ♯ ou de sept ♭ ; on entre alors dans la série des doubles dièses et des doubles ♭ ; les accidents devront être traduits, (ceux entrant dans la série des doubles altérations) par un changement à deux demi-tons chromatiques ; les autres notes accidentées se traduiront par un changement à un seul demi-ton chromatique.

CI–CONTRE LE TABLEAU

DES 4 MODIFICATIONS QUE PEUVENT SUBIR LES SIGNES ACCIDENTELS

DANS LES TRANSPOSITIONS DIATONIQUES ET CHROMATIQUES

le plus fréquemment employées.

Imp. Ed. Delanchy & Cie, F⁹ St Denis, 51 & 53.

TRANSPOSITIONS ASCENDANTES

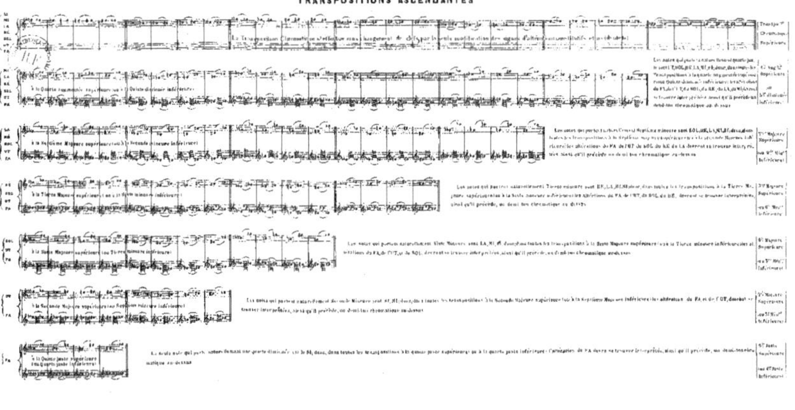

TRANSPOSITIONS DESCENDANTES

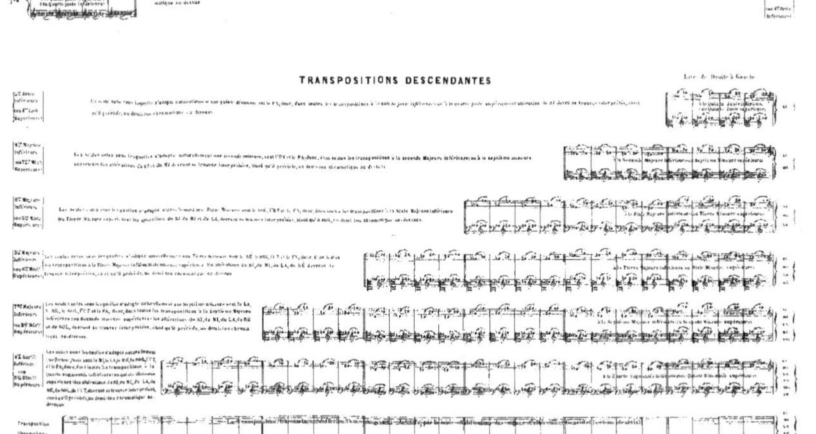

TABLE DES MATIÈRES

www.ingramcontent.com/pod-product-compliance
Ingram Content Group UK Ltd.
Pitfield, Milton Keynes, MK11 3LW, UK
UKHW020036100726
13658UKWH00003B/1345